JESUS

Originally published in English under the title

JESUS, OUR MAN IN GLORY

by A. W. Tozer

Copyright ⓒ 1987 by Zur Ltd.
Published by WingSpread Publishers,
a division of Zur Ltd.,
2010 State Road, 1st Floor, Camp Hill, PA 17011, U.S.A.
All rights reserved.
Korean Translation Copyright ⓒ 2014 by Kyujang Publishing Company

본 저작물의 한국어판 저작권은 WingSpread Publishers사와
독점 계약한 규장이 소유합니다.
신 저작권법에 의하여 한국 내에서 보호를 받는 저작물이므로
무단 전재와 무단 복제를 금합니다.

A. W. 토저 마이티 시리즈(A. W. TOZER Mighty Series)

토저는 교인수의 성장을 위해서라면 대중의 인기에 아합하고, 거대 기업의 경영방식을 무차별 차용하고, 할리우드 엔터테인먼트 방식을 예배에 도입하는 것에 대해 통렬한 비판을 가하였다. 그는 현대의 교회가 물량적 성장을 위해서라면 교회의 순결성을 포기하는 듯한 자세를 보일 때는 그것을 좌시하지 않고 언제나 선지자의 음성을 발하였다. 듣든지 안 듣든지 이스라엘 교회의 세속화를 준엄히 책망했던 예레미야처럼, 토저도 시대에 아부하지 않고 하나님교회의 순정성(純正性)을 파수하기 위해 '강력한'(Mighty) 말씀을 선포했다. 그래서 토저는 '이 시대의 선지자'라는 평판을 들었다. 토저가 신앙의 개혁을 위해 외쳤던 뜨겁고 강력한 메시지를 이 시대의 우리도 들어야 한다. 말씀과 성령에 의한 개혁이 절실히 필요한 이때, 규장에서 토저의 강력한(Mighty) 메시지들을 'A. W. 토저 마이티(Mighty) 시리즈'로 출간한다.

"토저의 설교는 설교단에서 발사되어 청중의 마음을 관통하는 레이저 광선과 같다." - 워런 위어스비

JESUS

지저스 • 예수님

A.W. 토저 지음 이용복 옮김

규장

영문판 편집자의 글

20세기 중반의 대중적인 사경회에서만 토저의 설교를 들은 사람들은 그가 사람들의 주목을 끄는 성경구절들만 본문으로 삼아 설교하는 목사라고 생각할 것이다. 그러나 그의 교회 교인들은 그것이 전부가 아니라는 것을 잘 알고 있다. 그들은 그가 목회자로서 매주일, 매달, 그리고 매년 전했던 설교들을 무척 귀하게 여겼다. 그 설교들은 성령의 감동으로 기록된 하나님의 계시의 말씀인 성경을 철저하고 깊이 있게 검토하고 탐구하는 설교였기 때문이다.

토저는 시카고에서 오랜 세월 목회했는데, 그때 그는 2년 이상 요한복음으로 설교를 한 후에야 자신의 요한복음 연구가 편해지기 시작했다고 느꼈다. 그의 교인들도 그가 집요하고 예리한 설교를 통해 사실상 성경을 효과적으로 가르치고 있다는 것을 즉시 알게 되었다.

히브리서에서 뽑은 설교들을 하나의 시리즈로 묶어서 주일 아침마다 전했던 그는 자신의 죽음을 얼마 남겨놓지 않았을 때 그 시리즈의 설교를 다 끝냈다. 그 시리즈를 시작할 때 그는 하나님의 아들 예수 그리스도의 영원한 영광이 그가 메시지를 전할 때마다 그 광채를 발할 것이라고 청중에게 분명히 말했다. 동시에 그는 "대부분의 사람들은 히브리서가 매우 지루한 책이라고 생각한다"라는 동료 목회자의 말에 이의를 제기했다.

열두 장章으로 구성된 이 책은 토저의 치열한 성경 연구 결과의 기록이다. 그렇다! 히브리서 설교 시리즈를 시작할 때 토저가 했던 말이 옳다. 예수 그리스도의 인격과 영광이 성령의 감동으로 기록된 히브리서의 모든 부분에서 눈부시게 빛난다!

제럴드 B. 스미스
Gerald B. Smith

CONTENTS

영문판 편집자의 글

PART **1**
영광 가운데 계신 하나님의 어린양
예수 그리스도

CHAPTER 1
영광 가운데 계신 인자이신 **예수 그리스도**   10

CHAPTER 2
계시의 완성이신 **예수 그리스도**   26

CHAPTER 3
하나님의 완전한 형상이신 **예수 그리스도**   41

CHAPTER 4
영원한 말씀이신 **예수 그리스도**   60

CHAPTER 5
한 분 하나님의 한 얼굴이신 **예수 그리스도**   74

PART **2**
모든 이름 위에 뛰어나신 주
예수 그리스도

CHAPTER 6
만유의 상속자이신 예수 그리스도 92

CHAPTER 7
천사들의 주(主)이신 예수 그리스도 106

CHAPTER 8
의(義)의 기준이신 예수 그리스도 122

PART **3**
언약을 성취하신 분
예수 그리스도

CHAPTER 9
하나님의 약속을 실현하신 예수 그리스도 140

CHAPTER 10
멜기세덱 같은 대제사장이신 예수 그리스도 154

CHAPTER 11
새 언약의 중보자이신 예수 그리스도 169

CHAPTER 12
그림자가 상징하는 실재(實在)이신 예수 그리스도 183

JESUS

PART 1

영광 가운데 계신 하나님의 어린양
예수 그리스도

Chapter 1 | **Jesus,** Our Man in Glory

영광 가운데 계신 인자이신
예수 그리스도

예수님은 하늘 성소에서 일하신다

최근에 당신은 죽음에서 부활하신 우리의 구주시자 주님이신 예수 그리스도께서 지금은 영광 가운데 계신 분이요, 우리의 중보자시라는 성경의 진리를 담은 설교를 들어본 적이 있는가? 예수 그리스도께서 하늘에 계신 "지극히 크신 이"히 1:3의 우편에 앉아 계시다는 진리를 담은 설교를 들어본 적이 있는가?

오늘날 그리스도께서 하늘 보좌의 우편에서 대제사장의 직무를 감당하고 계시다는 진리를 온전히 알고 있는 그리스도인은 많지 않다. 이 진리가 복음주의자들의 설교와 교육에서 소홀히 다뤄지고 있기 때문이다. 하지만 이것은 히브리서 전체의 주제로 중요하게 다뤄지고 있다.

히브리서의 교훈은 분명하다. 부활하여 영광을 받으신 예수 그리스도께서 높은 곳에 계신 지극히 크신 이의 우편에서 하나님의 자녀들, 즉 이 땅에 있는 그분의 교회를 위해 중보하고 계시다는 것이다.

그리스도를 믿고 우리를 위한 그분의 제사장 사역을 의지하라고 격려하는 중요한 성경구절 중 하나가 히브리서에서 발견된다.

"그러므로 우리에게 큰 대제사장이 계시니 승천하신 이 곧 하나님의 아들 예수시라 우리가 믿는 도리를 굳게 잡을지어다 우리에게 있는 대제사장은 우리의 연약함을 동정하지 못하실 이가 아니요 모든 일에 우리와 똑같이 시험을 받으신 이로되 죄는 없으시니라 그러므로 우리는 긍휼하심을 받고 때를 따라 돕는 은혜를 얻기 위하여 은혜의 보좌 앞에 담대히 나아갈 것이니라" 히 4:14-16.

성경이 우리에게 분명히 증거하는 진리는 하늘에 진정한 성막, 진정한 성소가 있다는 것이다. 그 성소에는 지속적으로 효력을 발휘하는 제단이 있다. '속죄소'가 있다. 무엇보다 기쁜 것은 대제사장이신 예수님, 우리의 중보자요 대언자

代言者이신 그분이 그곳에서 우리를 위해 일하신다는 것이다. 얼마나 놀라운 진리인가!

하지만 우리는 이 놀라운 진리를 잘 믿고 의지하지 못한다. 그러므로 하나님의 은혜로운 계시의 빛 안에서 내가 할 수 있는 것이라고는 안타깝고도 겸손한 마음으로 이렇게 탄식하는 것뿐이다.

"왜 우리는 그리스도를 제대로 전하지 못하는가? 어찌하여 우리는 그분을 위한 일과 그분의 영광을 드러내는 일에 그토록 열의가 없는가?"

그리스도의 모든 것이 영광스럽다

우리는 아버지께서 그리스도에 대해 계시하신 모든 것이 영광스럽다고 자주 고백해야 한다. 왜냐하면 그런 고백은 지극히 아름다운 것이기 때문이다. 우리 인간의 눈으로 볼 때에도 그분이 이전에 행하신 일들은 영광스럽다. 왜냐하면 그분은 존재하는 모든 것을 만드셨기 때문이다. 인자人子로서 이 땅에서 행하신 그분의 사역이 아름답다. 왜냐하면 그분은 죽음과 부활을 통해 하나님의 구원 계획을 이루셨기 때문이다. 부활하사 하늘로 올라가신 주님은 그곳에서 이 세대를 위해 중보하고 계신다.

예수님에 대한 성경의 증거를 고려할 때, 우리는 무엇보다도 우리의 거룩한 구주요 주님이신 그분의 영원한 영광을 증언하는 일에 관심을 가져야 한다.

이 세상에는 여러 종류의 기독교가 있다. 그런데 그들 중 다수가 하나님의 영원한 아들이신 예수 그리스도의 유일무이한 영광을 기쁨으로 선포하는 일에 열심이 없는 것 같다.

만일 누군가 그 이유를 묻는다면 어떤 이들은 "우리는 소외된 사람들과 소홀히 취급되는 대의명분을 위해 어느 정도 선행을 하려고 노력하고 있다"라고 말할 것이다. 또 어떤 이들은 "옛날부터 들어온 십자가 이야기를 다시 선포하는 것보다는 '현대인들과의 대화'에 참여하는 것이 더 유익할 것이다"라고 말할 것이다.

그러나 우리는 초대교회 사도들과 동일한 입장을 취해야 한다. 모든 기독교의 선포는 하나님께서 사망의 고통에서 풀어내어 다시 살리신 예수 그리스도의 영광을 전하고 그분을 찬양하는 것이 되어야 한다. 나는 내가 오순절 성령강림 때에 복음을 선포했던 베드로와 동일한 입장에 설 수 있다는 것이 매우 기쁘다. 베드로는 이렇게 전했다.

"이스라엘 사람들아 이 말을 들으라 너희도 아는 바와 같이 하나님께서 나사렛 예수로 큰 권능과 기사와 표적을 너희

가운데서 베푸사 너희 앞에서 그를 증언하셨느니라 그가 하나님께서 정하신 뜻과 미리 아신 대로 내준 바 되었거늘 너희가 법 없는 자들의 손을 빌려 못 박아 죽였으나 하나님께서 그를 사망의 고통에서 풀어 살리셨으니 이는 그가 사망에 매여 있을 수 없었음이라" 행 2:22-24.

베드로는 부활하신 그리스도께서 이제는 하나님 우편에 계시다는 것을 선포하는 데 중심을 두었다. 그는 그리스도께서 하나님 우편에 계시기 때문에 성령님이 오실 수 있다고 증거했다. 솔직히 말해 나는 예수님을 섬기는 것만으로도 너무 바빠서 그들이 말하는 '현대인들과의 대화'에 참여할 시간이 없다.

우리에게는 하늘이 준 사명이 있다

'현대인들과의 대화'를 강조하는 사람들은 "지적인 설교자라면 뉴스를 듣고 잡지를 읽는 데 열심을 내야 한다. 그래서 주일설교 때 세상의 많은 문제들에 대해 나름대로의 입장을 밝혀주어야 한다"라고 말한다. 하지만 하나님은 그런 일을 하라고 나를 부르신 것이 아니다. 그분은 그리스도의 영광을 선포하라고 나를 부르셨다. 그분의 백성에게 "하나님의 나라가 있고 하늘의 보좌가 있다. 그리고 그 보좌 우편에 우리를 위해 중보하시는 주님이 계시다"라는 진리를 선포하는 사명을 내게 부여하셨다.

초대교회는 이 진리에 열광했다. 그러나 이제는 주님이 우리에게 "너희는 어찌하여 이 진리에 더 이상 열광하지 않느냐?"라고 물으실 것 같다. 1세기의 초대교회는 부활하여 승리하신 그리스도께서 높이 들리시어 아버지 우편에 앉으셨다는 사실에 감격하고 또 감격했다. 어떤 인간도 경배하지 않았던 초대교회는 '영광을 받으시고 높이 들리신 그분'을 하나님으로 경배하라고 강조했다. 왜냐하면 그분은 하나님의 영원한 아들이요 삼위일체 하나님의 제2위이시기 때문이다. 사도 바울은 디모데에게 다음과 같이 썼다.

"하나님은 한 분이시요 또 하나님과 사람 사이에 중보자도 한 분이시니 곧 사람이신 그리스도 예수라 그가 모든 사람을 위하여 자기를 대속물로 주셨으니 기약이 이르러 주신 증거니라" 딤전 2:5,6.

하나님이 주 예수님께 맡기신 제사장직이 어떤 것인지 생각해보자. 주 예수님은 하나님의 영원한 아들이셨을 뿐 아니라 영광을 받으신 인간이셨다. 그런데 어찌하여 우리는 그분의 제사장직을 소홀히 다루는가? 어찌하여 그것을 종교적 전통과 형식의 부록처럼 다루고 있는가?

구약에 나타난 제사장직

구약에서 발전되고 주 예수 그리스도 안에서 성취된 '제사장직'은 하나님이 정하신 것이다. 그것은 하나님의 마음과 생각에서 나왔다. 그것은 기도하는 아버지들, 즉 가족을 염려하고 가족에 대해 책임을 진 가장家長들의 삶에서 어렴풋이 예시되었다. 욥은 가족 제사장의 좋은 본보기이다. 자기 자녀들이 죄를 범했을까 염려한 그는 늘 그들을 용서해주시고 깨끗게 해주시길 하나님께 기도했다.

이러한 구약의 제사장 개념은 이스라엘의 죄를 사하시고 깨끗게 하기 위해 하나님이 정하신 레위인들의 제사장직을 통해 더욱 구체화되었다. 하지만 제사장직의 온전한 완성은 주 예수 그리스도 안에서 이루어졌다.

제사장직은 인간이 하나님에게서 멀리 떠나버렸기 때문에 만들어졌다. 인간이 그분을 떠나 타락함으로 제사장직이 필요해진 것이다. 이것이 진리의 본질이다. 마치 수소H가 물 H_2O의 본질적 요소이듯이 말이다. 수소를 뺀 물은 존재할 수 없다. 이처럼 하나님의 형상으로 창조된 인간이 그분과의 관계를 버림으로 본래의 지위를 잃어버렸다는 교리를 성경에서 빼버릴 수 없다.

하나님이 말씀하신 성경의 교훈은 매우 분명하다. 인간은 도덕적 잘못을 범했다. 하나님의 법을 어긴 것이다. 다시 말해서 인간은 하나님의 법정에 선 범죄자이다. 그렇기에 공의가 충족되고 하나님과의 단절이 회복된 후에야 비로소 죄인이 하나님의 은혜를 얻고 그분과 교제할 수 있다는 것이 성경의 분명한 교훈이다.

인간은 하나님과의 단절을 회복하기 위해 복잡한 사상과 교묘한 합리화들을 만들어냈다. 하지만 그리스도의 십자가, 곧 하나님의 구원 계획과 속죄의 근거인 그리스도의 죽음과 부활을 거부한다면, 속량의 영원한 근거는 사라지고 하나님과의 화목은 불가능해진다.

그러므로 예수 그리스도의 속죄 사역을 거부하는 일이 영혼에 치명적인 결과를 가져온다는 사실을 사람들에게 경고하는 것은 내게 주어진 중대한 사명이요 책임이다. 그분의 속죄 사역을 거부하는 자들에게는 그분의 고난과 대제사장으로서의 중보도 아무런 의미가 없다.

문제의 책임은 인간에게 있다

하나님을 떠난 것은 인간이다. 이제 인간은 육지에서 멀리 떨어져 있는 작은 섬처럼 그분에게서 멀어져버렸다. 그런 섬은 육지의 세력권勢力圈에서 벗어나게 되는 것처럼 인간은 그분의 교제의 세력권에서 벗어나 있다. 그렇게 이 세상에서 소망 없이, 하나님 없이 살아가고 있는 것이다.

제사장직에 대한 개념에서 중요한 요소는 제사장이 갖는 중보자로서의 의미이다. 구약의 제사장은 하나님과 인간 사이에서 화목의 수단을 제공했다. 인간을 돕기 위해 주어진 제사장직은 하나님에 의해 임명되는 자리였다. 그렇지 않은 제사장은 가짜였다.

하나님은 그 어떤 도움도 필요로 하지 않으신다. 그분을 도울 수 있었던 구약의 제사장은 한 명도 없었다. 제사장의 일은 하나님에게서 멀어진 인간이 죄 사함을 받고 깨끗하게 되도록 희생제사, 곧 속죄의 제사를 드리는 것이었다. 죄인을 위해 하나님께 제사를 드릴 수 있는 사람들은 레위 지파에 속한 자들이었다. 제사장은 의로운 하나님 앞에서 죄인을 변호하기 위해 임명된 사람이었다.

그러나 구약의 제사장 제도는 완전한 것이 아니었다. 그것은 영원한 아들이요 구주이자 제사장이신 예수 그리스도께서 담당하실 완전하고 영원한 제사장직의 그림자에 불과했다. 레위 지파의 모든 제사장들은 자신들의 죄에 대해 잘 알고 있었고 그 때문에 좌절할 수밖에 없었다. 그들은 백성의 죄를 위한 속죄제사를 드리기 위해 지성소에서 하나님 앞에

서지만, 그때마다 자신의 도덕적 실패와 부족함을 의식하게 되었기 때문이다.

이 시대를 살아가는 우리, 즉 죄 사함 받고 해방된 신자인 우리는 이것이 의미하는 바를 잘 알고 있다. 아이작 왓츠Isaac Watts, 1674~1748. 영국의 비국교회파 목사이며 찬송시 작가. 우리 찬송가에도 그의 찬송시가 여러 편 실려 있는데, 대표적인 것으로는 〈웬 말인가 날 위하여〉가 있다는 그리스도의 속죄와 하나님의 죄 사함을 이렇게 찬송했다.

> 유대인의 제단에서 죽임 당한
> 모든 동물의 피가
> 죄 때문에 괴로운 양심에 평안을 줄 수 없고
> 죄의 얼룩을 씻어줄 수 없도다.

> 그러나 하늘에서 오신 어린양 그리스도께서
> 우리의 모든 죄를 도말하셨으니,
> 모든 제사보다 더 고상한 이름의 제사요
> 더 고귀한 피의 희생제사로다.

구약의 제사장들은 희생제사가 죄를 완전히 속할 수 없고 인간의 죄 된 본성을 바꾸어놓을 수 없다는 것을 잘 알고 있었다. 다만 하나님은 구약의 제사장 제도를 통해 그리스도께서 오실 때까지, 즉 하나님의 어린양 그리스도께서 세상의 죄를 짊어지시고 완전히 도말하실 때까지 죄를 덮어두셨던 것이다.

예수님은 우리의 대제사장이 되실 자격을 완전히 갖춘 분이셨다. 하나님이 그분을 세우고 임명하셨다. 그 영원한 아들에 대해 아버지께서는 "너는 … 영원한 제사장이라"시 110:4라고 말씀하셨다. 그분은 하나님의 백성을 위해 화목을 이루셨다. 그분만이 멸망할 수밖에 없는 인류를 향해 참된 자비의 마음을 품으셨으며 오직 그분만이 제사장의 조건을 완벽하게 갖추신 영원한 구원의 주님이요 근원이요 수여자授與者가 되셨다.

예수님의 인성이 갖는 의미

예수님이 이 땅에 태어나 사람들과 함께 사셨다는 것이 무엇을 의미하는지 다시 살펴보자. 나는 어떤 설교자가 "예수님은 '대표성을 가진 인간'이셨지 '실제적인 한 사람'이 아니셨다"라고 말하는 것을 들었다. 하지만 나는 예수님이 '대표성을 가진 인간'이요 동시에 '실제적인 한 사람'이셨다고 믿는다. 정말로 그분에게는 인류의 본질에 속하는 본성과 성질이 있으셨다. 그분은 여자에게서 난 사람이셨다.

이것을 이해하지 못하면 우리는 예수님이 우리를 대표하신다는 것이 무엇을 의미하는지 온전히 이해할 수 없다. 다시 말해서 그분이 하늘에 계신 지극히 크신 이의 우편에서 우리를 대표하시는 사람이라는 것을 이해할 수 없다.

당신과 내가 지금 당장 하늘에 계신 아버지의 존전으로 나아간다고 가정해보자. 하나님이신 성령님과 천사장들과 스랍들과 불에서 나온 생물들이 보좌를 둘러싸고 있는 것이 보일 것이다. 그리고 놀랍게도 그 가운데 우리와 같은 사람이 있음을 보며 기뻐하게 될 것이다. 그분은 사람이신 예수 그리스도이시다.

하나님이자 사람이신 예수 그리스도는 죽은 자들로부터 부활하여 승리자가 되셨고, 또 높아지시어 아버지의 우편에 앉으셨다. 기독교가 이 땅에서 일하며 복음을 선포하는 동안 예수님은 하늘에 계신 하나님 보좌 곁의 무리 중 유일하게 '눈에 보이는 사람'으로 계실 것이다.

우리는 하나님의 영광스런 나라의 많은 것들에 대해 다 이해할 수 없다. 죽은 의인義人들의 문제나 천국에서 그들의 위치에 대한 문제도 그중 하나이다. 이런 질문이 있을 수 있다.

"부활하여 영광을 받으신 예수님은 지금 하늘나라에서 일하고 계신다. 그렇다면 믿음 안에서 죽은 이들은 어떻게 된 것인가? 주님을 만나러 간 그들은 지금 어디에 있는가?"

우선 그들은 하나님의 천상의 영역에서 안전하게 보호받고 있다. 이것은 분명한 사실이다. 사도 바울은 그리스도인이 죄와 눈물로 가득한 이 세상에서 계속 사는 것보다 차라리 세상을 떠나서 주님과 함께 있는 것이 훨씬 더 좋다고 했다빌 1:23 참조.

우리가 세상을 떠날 때 죽는 것은 오직 육체뿐이다. 그러므로 그리스도를 영접한 이들의 불멸의 영은 육체가 죽은 후 하나님이 예비하신 복된 영적 거처로 가게 된다. 하나님은 피조 세계와 속량 받은 자녀들을 위한 그분의 은혜로운 계획에 있어서 언제나 성실하시다. 우리는 이것을 믿어야 한다.

재림과 부활의 소망

우리가 확실히 아는 것은 만물이 현재 상태로 영원히 계속되지 않는다는 것이다. 바울은 데살로니가교회의 성도들에게 조언과 격려를 담은 편지를 보냈다. 그는 그들이 잠자는 자들, 즉 육체의 죽음을 통해 주님 앞으로 간 자들의 상태에 대해 모르기를 원하지 않는다고 분명히 밝혔다. 그들에게 위로가 되었던 이 귀한 메시지는 모든 신자들을 위한 소망의 말씀이 되어 지금도 큰 빛을 발하고 있다.

"우리가 예수께서 죽으셨다가 다시 살아나심을 믿을진대 이와 같이 예수 안에서 자는 자들도 하나님이 그와 함께 데리고 오시리라 우리가 주의 말씀으로 너희에게 이것을 말하노니 주께서 강림하실 때까지 우리 살아남아 있는 자도 자는 자보다 결코 앞서지 못하리라 주께서 호령과 천사장의 소리와 하나님의 나팔 소리로 친히 하늘로부터 강림하시리니 그리스도 안에서 죽은 자들이 먼저 일어나고 그 후에 우리 살아남은 자들도 그들과 함께 구름 속으로 끌어 올려 공중에서 주를 영접하게 하시리니 그리하여 우리가 항상 주와 함께 있으리라 그러므로 이러한 말로 서로 위로하라" 살전 4:14-18.

창조주요 구속자이신 그리스도의 나라에 대한 비밀이 우리에게 전부 계시된 것은 아니다. 하지만 우리가 분명히 아는 것은 그리스도께서 오시는 기쁜 날에 큰 변화들이 일어난다는 사실이다. 그 변화들은 눈 깜짝할 사이에 일어날 것이다. 사도 바울은 이에 대해 고린도교회 성도들에게 이렇게 말했다.

"나팔 소리가 나매 죽은 자들이 썩지 아니할 것으로 다시 살아나고 우리도 변화되리라 이 썩을 것이 반드시 썩지 아니할 것을 입겠고 이 죽을 것이 죽지 아니함을 입으리로다" 고전 15:52,53.

바울은 이 부활의 약속을 식물의 생명을 비유해 이렇게 설명했다.

"어리석은 자여 네가 뿌리는 씨가 죽지 않으면 살아나지 못하겠고 또 네가 뿌리는 것은 장래의 형체를 뿌리는 것이 아니요 다만 밀이나 다른 것의 알맹이뿐이로되 하나님이 그 뜻대로 그에게 형체를 주시되 각 종자에게 그 형체를 주시느니라 … 죽은 자의 부활도 그와 같으니 썩을 것으로 심고 썩지 아니할 것으로 다시 살아나며 욕된 것으로 심고 영광스러운 것으로 다시 살아나며 약한 것으로 심고 강한 것으로 다시 살아나며 육의 몸으로 심고 신령한 몸으로 다시 살아나나니 육의 몸이 있은즉 또 영의 몸도 있느니라 … 우리가 흙에 속한 자의 형상을 입은 것같이 또한 하늘에 속한 이의 형상을 입으리라 … 이 썩을 것이 썩지 아니함을 입고 이 죽을 것이 죽지 아니함을 입을 때에는 사망을 삼키고 이기리라고 기록된 말씀이 이루어지리라" 고전 15:36-38,42-44,49,54.

사도 바울처럼 하나님의 영의 계시를 받은 유다도 다음과 같이 소리 높여 찬양했다.

"능히 너희를 보호하사 거침이 없게 하시고 너희로 그 영광 앞에 흠이 없이 기쁨으로 서게 하실 이 곧 우리 구주 홀로 하나이신 하나님께 우리 주 예수 그리스도로 말미암아 영광과 위엄과 권력과 권세가 영원 전부터 이제와 영원토록 있을지어다 아멘" 유 1:24,25.

지금 하늘나라에서 영광의 몸으로 계신 예수님이 하나님의 보좌 앞에서 우리를 대표하여 중보하고 계신다. 우리는 이 말씀을 믿고 의지한다. 성경의 귀한 약속들이 주는 복을 누릴 권리는 그분을 사랑하고 섬기는 모든 사람들에게 있다. 장차 주님이 다시 오실 것이고, 우리는 모두 변화될 것이다. 이것이 역사歷史의 최종적 사건이다. 예수님은 우리를 영원한 보좌 앞으로 인도하실 것이고, 우리는 그분과 같이 영광스러운 모습으로 영원히 즐거워하게 될 것이다.

Chapter 2 | **Jesus,** God's Final Revelation

계시의 완성이신
예수 그리스도

머리로는 다 알고 있다

하나님은 그분의 아들을 이 세상을 위한 하나님의 최종적 계시로 삼기 위해 이 땅에 보냈다고 말씀하신다. 하지만 따분하고 활력 없어 보이는 그리스도인들의 모습 때문에 우리의 증거는 사람들에게 먹혀들지 않는다. 그럼에도 불구하고 하나뿐인 아들을 보내신 하나님의 행하심은 정말 은혜로운 것이다! 살아 계신 창조주 하나님은 멸망할 수밖에 없는 인류에게 계속 말씀하신다. 히브리서 기자가 증거하는 바를 들어보자.

"옛적에 선지자들을 통하여 여러 부분과 여러 모양으로 우리 조상들에게 말씀하신 하나님이 이 모든 날 마지막에는 아들을 통하여 우리에게 말씀하셨으니" 히 1:1,2.

그의 증거를 들으면 몇 가지 질문을 던지게 된다. 우선 "이 시대의 많은 사람이 기독교를 '지루한 것'으로 여기는 이유는 무엇인가? 예수 그리스도께서 여전히 무덤에 누워 계신가?"라고 묻게 된다. 사람들은 이 질문에 재빨리 대답한다.

"절대 그렇지 않다. 그분은 부활하신 구주이시다."

그럼 다시 이렇게 묻게 된다.

"그렇다면 예수님이 그분의 능력과 권세를 잃어버리셨는가?"

사람들은 역시 재빨리 대답한다.

"물론 그렇지 않다. 하늘에 오르신 그분은 높은 곳에 계신 지극히 크신 이의 우편에 앉으셨다."

그러면 또 다시 묻지 않을 수 없다.

"그렇다면 그분은 우리가 자신의 능력과 방법에 의지해서 살도록 내버려두셨는가? 이제 우리는 스스로의 힘으로 헤쳐 나가야 하는가?"

그러면 사람들은 조심스러워진다.

"그렇지 않다. 최근에 그분과 깊은 교제를 나누지는 못했지만, 그래도 그분은 하늘의 보좌에서 여전히 우리의 대제사장이시다."

왜 기독교가 따분하게 여겨지는가?

기독교가 '지루한 것'이 되고 만 이유가 이제 밝혀졌다. 영광 가운데 계신 예수님과 깊은 교제를 나누지 않는 우리가 문제이다! 우리는 예수님과 교제를 나누는 대신 온갖 교회 일에 매몰되어 왔다. 머리를 짜내고 힘을 다 쏟아 그것에 매달려 왔다. 하지만 하나님 임재의 밝은 빛이 없다면 우리가 아무리 애를 쓴다 해도 교회의 예배는 지루하기 짝이 없는, 죽은 예배에 불과하다.

교회에서 즐겁게 하나님을 찬양해야 함에도 불구하고 우리의 표정은 지루함을 감추지 못한다. 진리를 아는 우리도 하나님께 지루함을 느낄 때가 있다. 하지만 너무 경건한 우리는 그것을 인정하지 않으려고 한다.

"하나님, 저는 기도해야 한다는 의무감 때문에 지금 기도하지만 사실 기도하고 싶지 않습니다. 기도에 싫증이 났습니다."

하나님은 이렇게 솔직한 사람을 기뻐하실 것이다. 나는 하나님이 이런 솔직한 기도를 듣고 진노하실 거라고 생각하지 않는다. 아마도 하나님은 이렇게 말씀하실 것이다.

"그에게는 희망이 있다. 그는 내게 솔직하다. 그런데 대부분의 사람들은 내게 따분함을 느끼면서도 그것을 인정하지 않는구나."

어떤 사람들은 우리가 일종의 공백기를 살고 있다고 생각한다. 그들은 하나님이 오늘날에는 자신을 나타내지 않으신다고 믿는다. 이 시대가 그분이 말씀하셨던 과거 시대와 장차 다시 말씀하실 미래 시대 사이에 끼어 있는 중간 기간일 뿐이라고 생각한다. 그들은 하나님이 지치셔서 잠시 휴식을 취하신다고 생각하는 것인가?

그러나 우리가 분명히 알아야 할 것은 과거에 말씀하셨던 하나님이 지금도 말씀하고 계신다는 것이다. 하나님은 영원한 아들, 즉 부활하여 승천하신 그리스도를 통해 말씀하고 계신다. 하나님이 인간을 다루신 모든 역사 중에 그분의 음성이 전혀 없었던 시기는 없었다.

우리는 성령의 감동으로 기록된 히브리서에 대해 감사해야 한다. 히브리서의 분명한 증거에 따르면, 하나님의 아들을 통해 주어지는 하나님의 말씀이 인간이 내세우는 온갖 종류의 철학보다 훨씬 더 중요하다. 하나님의 말씀은 이성理性에 의지하는 인간의 머리에 호소하지 않는다. 그분의 말씀은 마음과 영혼으로 받아들여야 한다.

히브리서는 책이요, 메시지요, 계시이다. 히브리서는 그 자체로 충분히 독보적 가치를 가지고 있다. 왜냐하면 영원한 아들, 곧 하나님의 영원한 대제사장이신 예수 그리스도를 정확하고 선명하게 그려내고 있기 때문이다.

믿음을 고백하는 많은 그리스도인들이 히브리서를 연구하다가 도중에 포기해버리는 현실이 매우 안타깝다. 그들은 "이 책은 너무 깊고 어려워 이해할 수 없다"라는 인간적인 고백을 남기고 발걸음을 돌린다.

말씀을 대하는 자세가 문제다

하나님의 말씀을 읽고 연구할 때는 큰 기대를 가져야 한다. 우리는 말씀을 연구할 때 주 예수 그리스도를 드러내주시고 또 그분의 영광과 영원한 사역을 알게 해주시길 성령께 부탁드려야 한다. 내가 볼 때 성경을 읽는 우리의 자세에 문제가 있는 것 같다. 문학작품이나 교과서를 읽듯이 성경을 읽으려는 자세는 올바르지 않다.

오늘날 많은 사람들이 그리스도 안에서 주어진 하나님의 계시를 감당하지 못하는 것 같다. 아담과 하와가 그랬듯이 그들은 하나님을 피해 도망하여 숨는다. 그들처럼 나무 뒤로 숨는 것이 아니라 학문이나 철학, 심지어 신학 뒤에 숨는다.

하나님이 그리스도의 속죄의 죽음을 통해 우리에게 주신 것은 우리가 마땅히 받아야 할 형벌인 지옥을 면하는 것만이 아니다. 하나님은 그것보다 훨씬 더 좋은 것을 주셨다. 그분은 우리에게 놀라운 미래, 곧 영원한 미래를 약속하신 것이다. 그럼에도 우리는 그것을 깨닫고 이해하지 못한다. 우리가 살아가는 이 세상에는 잘못된 것들이 너무나 많기 때문이다. 죄가 만들어낸 것들은 우리 가까이에 널려 있는데, 하나님의 영원한 목적들은 저 멀리 있다. 가끔씩 나는 "주 예수 그리스도를 통해 나타난 하나님의 계시 외에는 다른 계시가 없다는 사실을 우리 시대 사람들에게 분명히 전하고 있는가?"라는 의심을 갖게 된다.

나에게 구주가 필요하다고 고백한 적이 있는가? 만일 그렇다면 히브리서는 분명히 관심과 흥미를 불러일으킬 것이다. 히브리서는 우리 삶의 모든 것들이 하나님 안에서 시작되고 끝나야 한다는 것을 강조하는 '속량의 책'이기 때문이다.

하나님의 성품과 속성들을 연구하다보면 한 가지 중요한 사실을 발견하게 될 것이다. 그것은 시간과 공간, 물질과 운동, 삶과 법칙, 형식과 질서, 모든 목적과 계획, 모든 일의 진행이 하나님과 더불어 시작되고 끝난다는 사실이다. 모든 것은 그분에게서 나오고 다시 그분께로 돌아간다.

그래서 나는 하나님께 기도한다.

"하나님, 우리의 눈을 열어주소서. 그리하여 당신에게서 나오지 않고 당신에게서 끝나지 않는 것들은 모두 당신의 형상으로 지어진 인간의 관심을 끌 자격이 없다는 것을 깨닫게 하소서."

우리는 하나님을 위해 지음 받았다. 즉 영원히 그분을 경배하고, 그분을 높이며, 그분을 즐거워하고, 그분을 섬기도록 지음 받은 것이다.

하나님은 언제나 우리에게 말씀하셨다

히브리서 기자는 하나님이 "이 모든 날 마지막에는 아들을 통해 말씀하셨다"라고 했다. 그러면서 수천 년 동안 하나님이 여러 방법을 통해 말씀해오셨다는 사실을 상기시켰다. 사실 아들이 오시기 전까지의 약 4천 년 동안에도 하나님은 인류에게 말씀해오셨다. 하지만 인류는 에덴동산에 숨은 이후 하나님과의 관계를 단절하고 줄곧 그렇게 살아왔다.

기독교의 첫 세대에 살았던 사람들 대부분도 하나님을 단지 오래전부터 내려온 전통으로만 이해했다. 어떤 이들은 사람들이 만들어낸 신神들을 좋아했고, 어떤 이들은 경배의 개념을 가지고 제단까지 만들어냈다. 어떤 이들은 주문을 외우고 기도를 드렸다. 하지만 그들은 모두 참된 하나님으로부터 멀리 떠나 있었다. 하나님의 형상으로 창조되었음에도 불구하고 그들은 창조주를 거부하고 스스로 인간의 유한성과 죽음을 취했다.

만일 하나님이 다시 찾아오지 않으셨다면 그들은 끝까지, 즉 인간과 자연이 모두 멸망할 때까지 그렇게 했을 것이다. 그러나 하나님이 사랑과 지혜 가운데 다시 찾아오셨다. 그리고 이번에는 그분의 영원한 아들을 통해 자신을 계시하셨다. 예수님이 이 땅에 오심으로 사람들은 구약의 계시가 부분적이고 불완전하다는 것을 알게 되었다. 비유를 들어 말하자면 '구약은 문과 창문이 없는 집'이라고 말할 수 있다. 목수들이 와서 문과 창문을 만들어 놓아야 비로소 집다운 가치를 지닌 만족스러운 집이 될 것이다.

몇 년 전 우리 가족은 예수 그리스도를 구주로 영접한 유대인 의사와 교제를 나누었다. 그는 유대교 신자 시절 회당에서 안식일 예배를 드렸던 경험에 대해 이야기하는 것을 좋아했다. 그는 종종 회당에서 구약을 읽어달라는 부탁을 받았다고 한다. 그는 이렇게 말했다.

"저는 구약을 읽었던 그 시절에 대해 생각하곤 합니다. 그

때는 구약이 유익하고 참된 책이라고 생각했습니다. 구약이 유대 민족의 역사를 설명해준다는 것을 알았기 때문입니다. 하지만 무엇인가 빠졌다는 느낌을 지울 수가 없었습니다."

그는 환한 미소를 지으며 이렇게 덧붙였다.

"예수님이 제 구주이시며 메시아이심을 알았을 때, 구약이 예언한 분이 바로 그분이라는 것을 알았습니다. 제가 유대인으로서, 인간으로서, 그리고 신자로서 완전해지려면 그분이 필요하다는 것을 알게 되었습니다."

유대인이든 이방인이든 간에 우리는 본래 하나님의 형상으로 지음 받았다. 그렇기 때문에 우리에게는 하나님의 영靈을 통한 그분의 계시가 절대적으로 필요하다. 성경을 기록한 사람들에게 감동을 주셨던 성령께서 성경을 깨닫게 해주셔야 비로소 우리는 성경을 깨달을 수 있는 것이다.

히브리서의 목적

히브리서는 기독교 초기에 유대인으로서 그리스도인이 된 사람들의 신앙을 굳건히 하기 위해 기록되었다. 다시 말해서 예수 그리스도를 메시아로 믿는 신앙을 굳건히 하기 위해 쓰였다. 히브리서 기자가 반복하여 강조하는 주제는 예수 그리스도가 구약의 제사장보다 뛰어난 분이시기에 그분이 더 좋은 제사장이 되신다는 것이다. 그분은 하나님으로부터 오신 '하나님의 최종적 말씀'이시다.

 이것은 오늘날 우리에게 큰 힘과 확신을 준다. 히브리서의 증거에 따르면, 기독교가 유대교에서 예시豫示되고 유대교에서 나온 것은 사실이지만 결코 유대교에 의존하지 않는다는 것이다. 주 예수 그리스도께서 이 땅에 계실 때 하신 말씀은 지금도 여전히 영적 권위를 가지고 우리에게 말한다. 언젠가 그분은 제자들에게 새 포도주를 낡은 가죽부대에 담으면 안 된다고 말씀하셨다 마 9:17 참조. 이 비유의 뜻은 분명하다. 예수님이 가져오신 새 포도주를 과거의 종교적 형식과 관습에 담을 수 없다는 것이다!

 예수님의 말씀에 따르면, 활력이 넘치는 역동적 기독교와 낡은 형식의 유대교 사이에는 건널 수 없는 심연深淵이 존재한다. 하나님이 주신 모세의 율법을 강조하는 구약의 유대교가 기독교의 모체가 된 것은 사실이다. 하지만 어린아이가 점점 성장하여 독립하듯이 기독교와 기독교의 복음은 유대교로부터 독립했다. 그러므로 만일 유대교가 사라진다 해도 기독교는 하나님의 계시의 종교로서 자신의 견고한 반석 위에 설 것이다. 실제로 지금 기독교는 살아 계신 하나님의 말씀 위에 서 있다.

하나님은 그분의 말씀을 듣는 모든 사람에게 언제나 동일한 것을 말씀하신다. 그분은 은혜, 사랑, 공의나 성결에 대해 두 가지 메시지를 갖고 계시지 않는다. 계시_{啓示}는 아버지에게서 나오든, 아들에게서 나오든, 성령에게서 나오든 모두 동일하다. 비록 계시의 수단과 방법이 다르다 할지라도 그 계시는 항상 동일한 방향을 가리킨다.

창세기에서 시작하여 구약을 읽고 신약을 읽어보라. 그러면 성경 전체의 놀라운 통일성을 발견하게 될 것이다. 다만 성경에 담긴 하나님의 계시는 점진적으로 발전한다.

창세기의 앞부분에서 하나님은 '장차 오실 메시아'에 대해 말씀하시면서, 여자의 후손과 뱀이 싸울 것이라고 예언하셨다. 특별히 승리자 구속자가 오실 것이라고 말씀하셨다.

하나님은 장차 여자들이 해산의 고통을 겪고 남편을 섬기게 될 것이라고 하와에게 분명히 말씀하셨다. 또 땅이 저주를 받을 것이며, 인간의 범죄로 인해 결국 죽음을 면할 수 없을 것이라고 아담에게 말씀하셨다. 또 아벨과 가인에게 희생제사 제도에 대해 계시하셨고, 그것을 통하여 죄 사함과 용납의 계획을 드러내셨다.

하나님은 노아에게 은혜에 대하여, 그리고 자연과 통치의 질서에 대한 메시지를 주셨다. 또한 아브라함에게는 '장차 오실 후손', 즉 인류의 죄를 위해 속죄의 희생제사를 드릴 구속자에 대해 말씀해주셨다. 그분은 모세에게 율법을 주셨고, 또 모세와 비슷하지만 그보다 뛰어난 분이 오실 것이라고 말씀하셨다. 이런 것들이 과거 하나님이 말씀해주신 계시들이었다.

우리를 위한 하나님의 메시지

그렇다면 하나님이 오늘을 사는 우리에게 말씀하시는 바는 무엇인가? 핵심을 찔러 말하자면 "예수 그리스도는 내가 사랑하는 내 아들이다. 그의 말을 들어라!"라는 것이다.

오늘날 많은 사람들은 하나님이 예수 그리스도를 통해 이 세대에 주시는 말씀을 듣기 싫어한다. 그분의 메시지는 믿음, 양심, 행위, 순종 그리고 충성 같은 것들을 일깨워준다. 사람들이 이 메시지를 거부하는 이유는 그들이 성경을 거부하는 이유와 동일하다. 하나님의 말씀의 권위에 복종하기 싫기 때문이다.

하나님은 거룩한 사람들에게 영적 감동을 주셔서 그들로 하여금 그분의 메시지의 각 부분들을 하나의 책에 담도록 하셨다. 하지만 사람들은 그 책을 싫어하고 피하려고 발버둥친다. 하나님이 그 책을 모든 도덕의 최종적 척도로 삼으셨기 때문이다. 그 책, 즉 성경은 모든 기독교 윤리의 최종적 잣대가 된다.

"사람이 내 말을 듣고 지키지 아니할지라도 내가 그를 심판하지 아니하노라 내가 온 것은 세상을 심판하려 함이 아니요 세상을 구원하려 함이로라 나를 저버리고 내 말을 받지 아니하는 자를 심판할 이가 있으니 곧 내가 한 그 말이 마지막 날에 그를 심판하리라" 요 12:47,48.

하나님은 살아 계시고, 모든 능력과 권세를 가지신 그리스도는 우주의 모든 것을 인도하고 유지하신다. 이것이 기독교의 핵심 교리이다.

히브리서가 주는 확신

성령의 감동으로 기록된 성경 전체에 비추어 히브리서를 읽으면 하나님이 위엄의 보좌에 앉아 계시다는 것을 확신하게 된다. 그리고 그런 확신을 갖게 될 때 우리는 거친 세상과 이기적인 사회에서 정신이상에 빠지지 않고 살아갈 수 있는 근본적 방법을 알게 된다.

세상 사람들처럼 그분을 이 세상에서 쫓아내려고 해서는 안 된다. 오히려 마음의 평안을 지속적으로 유지하려면 하나님의 세상을 그분과 연관 지어 생각해야 한다.

하나님이 존재하시며 하늘의 보좌에서 주권적으로 통치하고 계신다는 사상은 인간이 인간으로서의 품위를 유지하고 살아가는 데 절대적으로 필요한 사항이다. 품위라는 것은 인간으로서 적절히 행동하는 것을 말한다. 그 품위의 뿌리는 하나님에 대한 적절하고 건전한 개념이다.

하나님이 존재하시지 않는다는 입장을 취하는 사람들은 인간의 본성에 대해 올바른 견해를 가질 수 없다. 그것은 그분의 계시를 통해 분명히 나타나기 때문이다. 우리가 하나님께로부터 나와서 다시 그분에게로 돌아간다는 사실을 받아들이지 않는다면 결코 인간의 본성을 정확히 이해할 수 없다.

예수 그리스도를 구속자요 주님으로 자신의 삶 속에 영접한 사람들은 정말로 복되다. 자신의 건강에 신경을 쓰는 사람들은 소위 '또 다른 견해'를 들으려고 애쓴다. 내가 어떤 의사를 찾아갔는데 그가 내게 수술 받을 것을 권한다면 나는 다른 전문의에게 가서 또 다른 견해를 구할 수도 있다. 하지만 예수 그리스도를 영접하는 문제는 다르다. 만일 우리가 "지금 그리스도를 영접하지 말고 나가서 다른 사람의 또 다른 견해를 들어보라"라는 누군가의 말을 듣고 그리스도를 영접하지 않았다면, 우리는 잘못된 조언을 들은 것이다.

예수 그리스도는 우리에게 주어진 하나님의 마지막 말씀

이시다. 다른 말씀은 없다. 하나님은 우리를 위한 도움과 죄 사함과 복을 그분의 아들 예수 그리스도 안에 예비해두셨다.

우리가 어둠 가운데에 있을 때 하나님은 예수 그리스도를 세상의 빛으로 주셨다. 그리스도를 거부하는 자들은 세세토록 사라지지 않는 바깥 어두움 속으로 스스로 걸어 들어가는 것과 같다.

위대한 의사이신 예수 그리스도께서 우리와 우리의 죄에 대해 하신 말씀들이 우리의 마음에 들지 않을 수도 있다. 하지만 그렇다고 해서 우리가 어디로 가겠는가? 우리는 베드로처럼 "주여 영생의 말씀이 주께 있사오니 우리가 누구에게로 가오리이까 우리가 주는 하나님의 거룩하신 자이신 줄 믿고 알았사옵나이다" 요 6:68,69라고 고백하지 않을 수 없다.

예수 그리스도는 하나님이 예비하신 구주이시다. 그리스도는 영원한 아들이시며, 아버지와 동등한 신성을 가지고 계시며, 아버지처럼 영원한 분이시요, 아버지와 본질이 동일하신 분이다.

그분이 말씀하시므로 우리는 들어야 한다!

Chapter 3 | Jesus, God's Express Image
하나님의 완전한 형상이신
예수 그리스도

참 하나님에게서 오신 참 하나님

히브리서 기자는 다음과 같은 아름다운 표현으로 우리의 관심을 사로잡는다.

"하나님이 이 모든 날 마지막에는 아들을 통하여 우리에게 말씀하셨으니 … 이는 하나님의 영광의 광채시요 그 본체의 형상이시라 그의 능력의 말씀으로 만물을 붙드시며" 히 1:1-3.

나는 히브리서 기자가 성령의 감동으로 기록한 "(영원한 아들 예수 그리스도는) 하나님의 영광의 광채시요 그 본체의 형상이시라" 히 1:3라는 말씀을 통해 계시하시려는 모든 것을 깨닫기 원한다.

성경은 성령의 감동으로 기록되었기 때문에 우리는 성경을 믿고 의지한다. 다시 말해 성경은 하나님이 숨을 불어넣으심으로써 기록되었다. 성경을 믿기 때문에 우리는 예수님이 '참 하나님에게서 오신 참 하나님'이시라고 믿고 고백한다.

그리스도의 성육신成肉身에 대한 기록이야말로 이 광대하고 복잡한 세상에서 가장 아름답고 감동적인 글이다. 성육신은 하나님이 육신이 되어 인간의 역사 속으로 들어와 거하신 사건이기 때문이다. 하나님의 그리스도, 즉 우주를 만드셨고 만유를 능력의 말씀으로 붙들고 계신 예수 그리스도께서 갓난아기로 우리 가운데 나타나신 것이다. 어머니 품에 안긴 그분이 울었을 때 어머니가 그분을 달래어 잠들게 하셨다. 얼마나 크고 놀라운 비밀인가!

그런데 이와 관련하여 나는 기독교 안에서 일어나고 있는 이상하고 비극적인 일들에 대해 언급하지 않을 수 없다. 한 가지를 예를 들면, 어떤 목사들이 교인들에게 "신학자들이 그리스도의 동정녀 탄생에 대해 이의를 제기하더라도 너무 신경 쓰지 마십시오. 동정녀 탄생이 중요한 문제는 아닙니다"라고 조언했다고 한다. 또 스스로 그리스도인이라고 고백하면서도 "예수 그리스도의 신성의 유일성과 실재實在에 대해 내게 어떤 견해를 믿으라고 강요하지 마십시오"라고 말하는 사람들이 있다고 한다.

그러나 우리는 믿는다

우리는 전통적 정의定義들이 여전히 유효하다고 확신하지 못하는 사회에 살고 있다. 하지만 내 입장은 예전이나 지금이나 동일하다. 어느 시대에 살든, 어디에 살든 참된 신자라면 예수 그리스도와 그분의 지위에 대해 겸손하지만 단호한 확신을 갖게 된다는 것이다. 그런 신자는 그리스도가 진정으로 하나님이시며, 모든 면에서 히브리서 기자가 말하는 분이심을 굳게 믿으며 살아간다. 그리스도는 "하나님의 영광의 광채시요 그 본체의 형상"히 1:3이다.

그리스도에 대한 히브리서의 이런 증거는 사도 바울이 예수님에 대해 말한 것과 일치하며, 또 그것을 지지한다. 바울은 "그는 보이지 아니하는 하나님의 형상이시요 모든 피조물보다 먼저 나신 이시니"골 1:15, 또 "그 안에는 신성의 모든 충만이 육체로 거하시고"골 2:9라고 말했다.

이것은 성경을 믿는 그리스도인들이 함께 붙드는 진리이다. 그들이 세례의 방법이나 교회의 정체政體, 주님의 재림 같은 문제에 대해서는 조금씩 견해를 달리할 수 있다. 하지만 영원한 아들의 신성에 대해서는 모두 같은 목소리를 낸다. 예수 그리스도는 창조된 분이 아니라 아버지에게서 나신 분으로서 아버지와 본질이 동일하시다니케아 신경 참조. 이 진리를 방어할 때 우리는 세심한 주의를 기울이면서도 담대해야 한다. 그리고 필요하다면 전사처럼 싸울 수 있어야 한다.

그리스도께서 이 땅에서 사람들과 함께 사셨을 때 하신 말씀을 연구할수록 우리는 그분이 누구이신지에 대해 더 확신하게 된다.

어떤 비판자들은 이렇게 말한다.

"당신도 알겠지만, 예수님은 자신이 하나님이라고 주장하지 않으셨다. 그분은 단지 자신이 하나님의 아들이라고 말씀하셨을 뿐이다."

예수님이 '하나님의 아들'이라는 표현을 자주 사용하신 것은 사실이다. 그분은 자신이 사람, 즉 인자人子이신 것을 자랑스럽게 여기고 기뻐하셨기 때문이리라.

그러나 예수님은 자신이 하나님이라는 사실도 담대히 증거하셨다. 심지어 원수들 앞에서도 그렇게 하셨다. 그분은 자신이 하늘에 계신 아버지로부터 왔으며, 아버지와 동등한 존재임을 명백하게 말씀하셨다.

우리는 우리가 믿는 바에 대해 잘 알아야 한다. 만일 누군가가 우리에게 다가와 부드러운 말과 그럴듯한 논리로 "예수 그리스도는 '참 하나님으로부터 나오신 참 하나님'이 아니시다"라고 말한다 할지라도 그에게 속아서는 안 된다.

하나님은 예수 그리스도 안에서 육신이 되셨다

히브리서 기자는 박해로 인해 낙심 중에 있는 유대 그리스도인들에게 예수 그리스도 안에서 나타난 하나님의 완전하고도 최종적인 계시에 대해 증거했다. 그는 아브라함과 이삭과 야곱의 하나님에 대해 말했다. 그런 다음 '다른 분'이 오셨다고 말했다.

히브리서 기자의 증거에 따르면, 그리스도는 육체로 이 땅에 오셨지만 하나님과 동일한 분이셨다. 그분이 아버지, 즉 성부 하나님은 아니셨지만, 성부께서는 성육신하지 않으셨고 앞으로도 하지 않으실 것이기에, 그분은 성자 하나님으로서 아버지의 영광의 광채요 그 본체의 형상이 되신다.

히브리서에 사용된 '영광'이라는 말은 예수님의 신성을 묘사하는 과정에서 의미의 변화를 겪었다. 우리가 사용하는 단어들 중에는 본래 그 단어가 담고 있던 아름다움과 외경스러움을 상실하고 그 의미를 잃어버린 것이 있는데, '영광'이라는 말도 그중 하나이다.

이 일에는 옛 화가들의 영향이 크다. 그들이 여러 그림에서 예수님의 영광을 후광後光, 즉 그분의 머리 둘레에서 밝은 빛을 내는 둥근 테처럼 묘사했기 때문이다. 그러나 예수님의 영광은 머리 둘레에서 밝은 빛을 내는 둥근 테 같은 것이 아니다. 그분은 영광은 몽롱한 노란빛이 아니다.

우리는 경외심을 잃어가고 있다

사실 나는 지금 우리의 주님이요 구주이신 예수 그리스도를 향한 부주의하고 불경건한 우리의 태도를 해명하느라 고생하고 있는 것이다. 하나님을 경배하는 그리스도인들은 신학적 단어를 부주의하게 세속적으로 사용해서는 안 된다.

만일 성자 하나님의 영광에 대해 언급하려고 한다면 우리를 놀라게 하고 감동시키는 그분의 인격과 성품의 유일성에 대해 말하라. 그것이 올바른 일이다.

성자 하나님을 사랑하고 섬기는 사람들이 볼 때, 그리스도의 영광은 노란색 빛이나 네온사인 같은 둥근 테가 아니다. 천상의 존재들이 그리스도 앞에서 감히 그분을 보지 못하고 자신의 얼굴을 가리도록 만드는 것이 그분의 영광이다. 그분의 영광은 그들로 하여금 "거룩하다 거룩하다 거룩하다 주 하나님 곧 전능하신 이여"계 4:8라고 찬양하며 경배하게 만든다. 그분의 영광은 온 우주로 하여금 그분을 찬양하게 만든다. 그리스도의 영광은 그분의 피조물들에게 그분을 사랑하고 경배하라고 요구한다. 그 영광으로 인해 그분은 온 우주에 널리 알려지게 된다.

하나님의 성품이 그분의 영광이다

사람들이 하나님을 영광스럽게 생각할 때 비로소 그분은 영광을 받으시게 된다. 한때 하나님은 사람들이 가까이 하지 못할 빛 가운데에 거하셨다. 하지만 그분은 자신의 뜻을 나타내기 원하셨다. 그래서 하늘과 땅을 만드시고, 땅에 생물들을 채우시고, 인간을 만드셨다. 그리고 인간이 그분 안에 있는 영광스러움을 보고 반응하길 원하셨다. 하나님의 피조물들이 그분께 사랑과 경배의 반응을 보이는 것이 그분의 영광이기 때문이다.

그리스도께서 하나님의 영광의 광채시라는 것은 그리스도께서 하나님의 모든 것을 드러내신다는 것을 의미한다. 그분은 쏟아져 나오는 찬란한 빛과 같이 하나님의 모든 것을 드러내신다. 하나님은 그분의 뜻을 드러내실 때도 그리스도 안에서 드러내셨다. 이처럼 그분은 하나님의 인격의 형상이시다.

하나님의 인격의 형상이신 예수 그리스도

여기서 '인격'이라는 말은 이해하기 쉬운 단어가 아니다. 교회사를 통해 볼 때 신학자들도 이 단어를 설명하는 데 어려움을 겪었다는 것을 알 수 있다. 하나님의 인격은 때로는 '실체'實體, 때로는 '본질'이라고 불렸다.

광대한 피조세계의 근원이 되시는 영원하신 하나님은 그 세계를 구성하는 모든 것을 떠받치고 계시며, 그것들을 유지하고 계신다. 인간의 머리로는 그 하나님을 이해할 수 없다. 그렇기에 예수 그리스도는 하나님의 인격하나님의 모든 것의 형상으로 우리에게 제시되셨다.

히브리서 1장 3절에 나오는 '형상'이라는 말은 중요한 직책을 맡은 사람의 문서나 편지가 진짜임을 증명해주는 인장을 밀랍蜜蠟에 꾹 누를 때 생기는 자국에서 유래한 말이다. 성육신하신 예수 그리스도는 신성에 가시적可視的 형태와 신빙성을 부여하신다. 눈으로 볼 수 없는 하나님이 눈에 보이도록 오신 분이 바로 예수 그리스도이시다. 눈으로 볼 수 없고 손으로 만질 수 없는 하나님께서 이 땅에 오셔서 우리 가운데 거하셨는데, 그분이 바로 예수 그리스도이시다.

나는 주 예수 그리스도를 설명하기 위해 신학적 논증을 하려는 것이 아니다. 오히려 나는 성령께서 히브리서 기자를 통해 하신 말씀을 최대한 그대로 전하려 할 뿐이다.

하나님은 어떤 분이신가?

'하나님은 어떤 분이신가?'라는 질문은 인간이 지난 역사 속에서 다른 어떤 질문보다도 더 많이 던진 질문이다. 어린 아이조차도 "우리에게 하나님은 어떤 분이세요?"라고 묻는다. 빌립도 그 자신을 위해, 또 인류를 위해 "주여, 아버지를 우리에게 보여주옵소서 그리하면 족하겠나이다"요 14:8 라고 예수님께 말씀드렸다. 철학자들도 거듭 이 질문을 던지곤 했다. 수많은 종교인들과 사상가들이 수천 년 동안 이 질문을 붙잡고 씨름해왔다.

아덴에서 전도할 때 바울은 '알지 못하는 신'에 대해 언급했다. "사람으로 혹 하나님을 더듬어 찾아 발견하게 하려" 행 17:27 하시는 하나님의 의도에 대해 말하면서 바울은 "그는 우리 각 사람에게서 멀리 계시지 아니하도다 우리가 그를 힘입어 살며 기동하며 존재하느니라" 행 17:27, 28 라고 역설했다. 바울은 우주 안의 하나님의 임재에 대해 언급했는데, 그분의 임재는 살아 있는 음성이 되어 울려 퍼지기 때문에 사람들의 마음을 움직여 그분을 더듬어 찾도록 만든다.

하지만 슬프게도 죄로 인해서 사람들은 눈이 멀었고 그들의 귀는 둔해졌다. 그들의 마음은 진리에 반응하지 않는다. 죄는 인간을 '혀가 없는 새'처럼 만들어버렸다. 혀가 없는 새는 노래하고 싶은 본능과 욕구가 있어도 그렇게 할 수가 없다. 영국의 시인 존 키츠 John Keats, 1795~1821는 혀를 잃어버린 나이팅게일에 대한 이야기를 아름답고도 찬란하게 표현했다. 노래하고 싶은 깊은 본능을 표현할 수 없었던 그 새는 결국 한이 맺혀 죽었다.

우리 마음에 심겨진 영원

하나님은 그분의 형상에 따라 인간을 창조하셨다. 그리고 그들에게 영원을 사모하는 마음을 주셨다 전 3:11 참조. 영원을 사모하는 마음! 얼마나 적절한 표현인가!

우리는 시간의 피조물이다. 우리의 손 안에, 우리의 몸 안에는 '시간'이 있다. 시간은 우리로 하여금 늙게 하고 결국은 죽게 만든다. 그럼에도 불구하고 인간의 마음속에는 영원을 사모하는 마음이 있다!

타락한 세상에서 살고 있는 타락한 사람들의 비극 중 하나는 마음에 심겨진 영원과 몸 안에 있는 시간 사이에 갈등이 있다는 것이다. 그렇기 때문에 우리는 하나님 없이는 결코 만족할 수가 없다. 그렇기 때문에 모든 사람들의 마음속에서

"하나님은 어떤 분이신가?"라는 질문이 끊임없이 솟아오르는 것이다.

하나님은 그분의 형상대로 지음 받은 모든 사람들의 마음속에 영원한 가치들을 심어두셨다. 사람은 그것을 채우기 위해 언제나 무엇인가를 계속 찾고 추구함으로써 자신을 만족시키려고 노력해왔다. 즉 우리가 잊어버린 것은 하나님의 존재가 아니라, 그분이 어떤 분이신가 하는 것이다.

철학은 이런 문제에 답을 주려고 노력해왔다. 그러나 하나님에 대한 철학의 개념들은 항상 서로 모순되었다. 철학자의 노력은 앞도 보지 못하는 사람이 다른 사람의 초상화를 그리려는 것과 같다. 그런 사람은 상대방의 얼굴을 손으로 만져서 그림을 그리려고 한다. 그런 시도는 시작도 하기 전에 실패로 끝날 수밖에 없다. 철학이 할 수 있는 최선은 어떤 방법으로든 우주의 얼굴을 만져서 그 느낌을 가지고 하나님을 그려보려는 것이다.

대부분의 철학자들은 우주 어딘가에 있을 것으로 추정되는 '어떤 존재'를 믿는다고 고백한다. 사람들에 따라 그 존재는 법칙, 에너지, 마음, 또는 본질적 덕德이라고 불린다. 토머스 에디슨은 "내가 아주 오래 산다면 하나님을 발견할 수 있을 만큼 예민한 기계를 발명할 수 있을 것이다"라고 말했다.

당신도 잘 알듯이 에디슨은 유명한 발명가이다. 그는 지적 능력이 뛰어난 사람으로 철학자라고 불릴 수도 있을 것이다. 하지만 그는 하나님이 어떤 분이신지에 대해서는 아무것도 알지 못했다.

종교는 답을 주지 못한다

세상의 종교들도 하나님에 대해 이런저런 답을 내놓으려고 애써왔다. 예를 들면 파르시 교도_{인도에 있는 조로아스터교 공동체}는 하나님을 빛이라고 주장한다. 그래서 그들은 태양과 불 등 여러 가지 형태의 빛을 숭배한다. 또 어떤 종교들은 양심이 하나님이라고 주장하거나 덕이 하나님이라고 주장한다. 또 어떤 종교는 우주를 유지시켜주는 '원리'가 하나님이라고 믿으며 위안을 얻고자 한다.

또 어떤 종교들은 하나님이 오로지 공의의 하나님이실 뿐이라고 말한다. 그렇게 말하는 사람들은 공포 속에서 살아간다. 또 어떤 자들은 하나님이 완전히 사랑으로만 가득하신 분이라고 말한다. 그렇게 말하는 자들은 교만하다. 이런 종교들은 모두 각각의 개념과 견해, 사상과 이론을 가지고 있다. 그러나 지금까지 인간은 그런 것들에서 만족을 얻지 못했다.

헬라의 이교도들에게는 판테온이 있었다. 그들은 해가 동쪽에서 떠서 강렬한 열과 빛을 발하며 서쪽으로 움직이는 것을 보고 그것을 '아폴론'이라고 불렀다. 해안에서 큰 소리를 내며 부는 바람은 '에오스' 바람과 별의 어머니라고 불렀다. 바다의 물이 세차게 몰려와 거품을 일으키는 것을 보고는 '넵투누스'라고 했으며, 곡식이 풍성하게 익은 들판 위를 맴도는 여신을 상상하며 그것을 '케레스'라고 불렀다. 이런 이교적 상상력을 동원한다면 무한히 많은 신과 여신들을 만들어낼 수 있다.

그러나 로마서 1장은 이처럼 많은 신과 여신을 만들어낼 수밖에 없는 인간의 타락한 영적 상태를 지적한다. 죄의 손아귀에 사로잡힌 인간은 살아 계셔서 말씀하시는 하나님의 계시를 원하지 않았다. 그들은 의도적으로 유일하신 참 하나님을 외면하고 그분을 그들의 삶에서 제외시켰다. 그리고 그분 대신에 새와 짐승과 파충류를 그들의 신으로 삼는 도착적倒錯的 증상을 보였다.

우리는 어떤 국가나 문명의 도덕성이 그들의 신 개념에 의해 영향을 받는다는 경고를 자주 들어왔다. 그와 유사한 이야기임에도 그만큼 자주 들리지 않는 또 다른 경고가 있다. "교회가 하나님에 대해 순수하게 생각하지 못할 때 교회는 쇠퇴하기 시작한다"라는 것이다.

우리는 하나님에 대해 품격 있게 사고해야 하고, 그분께 합당한 표현을 사용해야 한다. 우리는 믿음의 조상들의 모범을 따라야 한다. 그들은 은혜를 통해 자신을 그분의 자녀로 삼아주신 하나님 앞에서 숨이 멎을 것 같은 경외심과 감동에 사로잡혀 무릎을 꿇고 그분을 경배했다.

예수님은 하나님을 드러내신다

사람들은 여전히 "하나님이 어떤 분이신가?"라고 묻는다. 그 질문에 대해 하나님은 예수님을 통해 최종적이고 완전한 대답을 주셨다.

"나를 본 자는 아버지를 보았거늘"요 14:9.

예수 그리스도를 믿는 우리는 모든 세대의 사람들이 해결하려고 애썼던 문제에 대한 해답을 갖게 되었다. 영원한 아들이신 예수 그리스도께서 이 땅에 오셔서 '하나님의 영광의 광채시요 그 본체의 형상'으로서 우리 가운데 거하셨다. 우리는 하나님이 어떤 분이신지를 알기 위해 더 이상 애쓸 필요가 없다. 하나님이 이미 그분 자신을 우리에게 계시하셨기 때문이다.

하나님 아버지는 예수 그리스도와 동일하신 분이다. 그러므로 그리스도를 본 사람은 누구나 하나님의 모든 것을 본 것이다. 그분은 하나님과 동일하게 생각하시고, 동일하게 느끼신다. 그분은 하나님과 동일하게 행하신다.

요한복음에는 그리스도께서 자신이 스스로는 아무것도 할 수 없다고 말씀하신 기록이 나온다.

"아들이 아버지께서 하시는 일을 보지 않고는 아무것도 스스로 할 수 없나니 아버지께서 행하시는 그것을 아들도 그와 같이 행하느니라"요 5:19.

자신에 대한 그분의 증거가 그토록 강했기 때문에 당시의 유대 지도자들은 그분에게 신성모독의 죄를 뒤집어씌워 그분을 돌로 치려고 했다.

현대의 일부 이단들이 "예수 그리스도는 자신이 하나님이라고 주장하신 적이 없다"라고 말하는 것은 정말 이상한 일이다. 성경의 기록에 의하면 2천 년 전에 그분의 말씀을 들은 자들이 예수님을 그 자리에서 죽이려고 했는데, 그것은 그분이 "나와 아버지는 하나이니라"요 10:30라고 말씀하셨기 때문이다.

예수 그리스도 안에서 완성된 계시

하나님의 자기 계시는 그분의 아들 예수 그리스도 안에서 완성되었다. 우리는 더 이상 "하나님이 어떤 분이신가?"라고 물을 필요가 없다. 예수님이 하나님이시다. 그분은 우리가 이해할 수 있는 언어로 하나님에 대해 말씀해주셨다.

예를 들어보자. 우리는 하나님이 타락한 여자를 어떻게 여기시는지 알 수 있다. 예수님이 그런 여인을 향해 "나도 너를 정죄하지 아니하노니 가서 다시는 죄를 범하지 말라"요 8:11라고 말씀하셨기 때문이다.

우리는 하나님이 어부들과 노동자들과 보통 사람들에 대해 어떤 마음을 품고 계신지 알 수 있다. 예수님이 그들을 향해 "나를 따라오라 내가 너희로 사람을 낚는 어부가 되게 하리라"막 1:17라고 말씀하셨기 때문이다.

우리는 하나님이 아이들을 어떻게 생각하시는지를 알 수 있다. 예수님이 "어린아이들을 용납하고 내게 오는 것을 금하지 말라 천국이 이런 사람의 것이니라"마 19:14라고 말씀하셨기 때문이다.

예수님은 우리의 세상에 계셨다. 그분은 이 모든 것에 대해, 또 우리와 관련 있는 모든 것에 대해 말씀하고 가르치셨다. 성경의 기록에 의하면, 그분의 말씀을 들은 자들은 두려움을 느낄 정도로 놀랐다.

"예수께서 이 말씀을 마치시매 무리들이 그의 가르치심에 놀라니 이는 그 가르치시는 것이 권위 있는 자와 같고 그들의 서기관들과 같지 아니함일러라" 마 7:28,29.

"아랫사람들이 대답하되 그 사람이 말하는 것처럼 말한 사람은 이때까지 없었나이다 하니" 요 7:46.

주 예수 그리스도의 말씀을 찾아보라. 그러면 그 일에 대한, 또는 그 사람에 대한 하나님의 마음을 알게 될 것이다. 당신 주변에 펼쳐진 한없이 넓은 피조세계를 둘러보라. 그리스도의 성육신보다 아름다운 것을 볼 수 있는가? 그것만큼 완전한 것을 볼 수 있는가? 그것처럼 경외감을 불러일으키는 것이 있는가? 그것처럼 깊은 매력을 주는 것이 또 있는가?

우리를 속량하시고, 우리를 회복하시며, 우리를 완전히 구원하시기 위해 하나님께서 육체가 되어 우리 가운데 거하셨다! 우리는 모두 로웰 메이슨Lowell Mason, 1792~1872. 작곡가, 미국 교회 음악의 거장의 찬양을 함께 부르지 않을 수 없다.

오, 내 구주 안에 빛나는 최고의 고귀함을
내가 말로 표현할 수 있을까?
오, 내 구주 안에 빛나는 영광을 내가 전할 수 있을까?
하늘로 솟아올라 천상의 악기를 연주하고 싶구나.

하늘의 선율로 노래하는
가브리엘과 겨루어보고 싶구나.
높아지시어 보좌에 앉으신
그분의 성품을 노래할까.
그분에게서 풍기는 온갖 모양의 사랑을 찬송할까.
한없이 감미롭고 지극히 고상한 찬양의 노래로
저 영원한 날들까지
그분의 모든 영광을 알리리라.

이 노래의 마지막 절은 우리가 천국에서 크게 환영받고 영원히 그곳에서 살게 될 것을 바라보게 한다.

그 즐거운 날이 곧 이르리니
그날에 내 사랑하는 주님께서
나를 집으로 데려가실 것이라.
나는 그분의 얼굴을 볼 것이라.
그때 내 구주요 형제요 친구이신 그분과 함께
나는 복된 영원을 보낼 것이니
그분의 은혜 안에서 승리했기 때문이로다.

확신 가운데 이렇게 찬양하는 사람은 예수님이 하나님이시라고 말하는 것과 같다. 위에 있는 세상과 아래에 있는 세상, 보잘것없는 이 세상이 이 찬양을 듣고 "아멘, 아멘! 예수님이 하나님이시다!"라고 화답할 것이다.

Chapter 4 | **Jesus,** the Eternal Word

영원한 말씀이신
예수 그리스도

고난 중에 있던 자들에게 주어진 하나님의 말씀

약 2천 년 전 극심한 고난 중에 있던 유대 그리스도인들에게 주어진 영감靈感된 메시지는 "하나님 말씀의 능력을 온전히 신뢰하라"라는 감동적인 호소였다. 히브리서 기자의 말 속에는 사실상 "하나님이 말씀하시면 모든 자들이 순종해야 한다"라는 뜻이 내포되어 있다. 히브리서 기자는 다음과 같이 분명히 밝혔다.

"하나님의 말씀은 살아 있고 활력이 있어 좌우에 날선 어떤 검보다도 예리하여 혼과 영과 및 관절과 골수를 찔러 쪼개기까지 하며 또 마음의 생각과 뜻을 판단하나니" 히 4:12.

이런 메시지가 히브리서 전체에 걸쳐 계속되면서, 우리가 속한 우주와 하나님 말씀 사이의 관계를 상기시킨다. 하나님의 말씀은 그분의 피조세계 전체에 퍼져 그것을 보호하고 유지하며 변화시킨다.

성경만이 하나님의 말씀은 아니다

그리스도인들이 성경만을 하나님의 말씀이라고 말한다면 큰 실수를 범하는 것이다. 물론 성령의 감동으로 기록된 성경이 우리의 마음과 영혼에 말씀하시는 하나님의 말씀인 것은 사실이다. 하지만 인쇄된 종이들을 엮어 만든 성경책만이 하나님의 말씀은 아니다. 하나님의 말씀은 그분의 마음의 영원한 표현이며, 세상을 가득 채우는 그분의 숨결이다.

나는 언제나 성경을 통해 주시는 하나님의 말씀을 통해 큰 기쁨을 맛본다. 예를 들면 구약의 선지자 예레미야의 급박한 호소에서도 그렇다.

"땅이여, 땅이여, 땅이여, 여호와의 말을 들을지니라"렘 22:29.

사람들이 갑자기 발걸음을 멈추고 주님의 말씀을 듣는다면 이 세상은 얼마나 달라질까! 하나님이 살아 계시고, 그분의 말씀은 온 우주에 퍼져 있다. 그러므로 발걸음을 멈추고 그분의 말씀을 듣는 것이야말로 우리가 할 수 있는 가장 유익한 일이다. 하나님의 말씀은 사람들이 그들의 삶 속에서 만날 수 있는 가장 중요한 것 중 하나이다.

물론 그들이 하나님의 말씀과 그분의 임재를 부정하고 거부할 수도 있을 것이다. 그렇다 할지라도, 살아 계셔서 말씀하시는 하나님의 말씀을 피할 수는 없다. 그리고 그 말씀은 타협의 대상이 될 수도 없다. 모든 사람이 하나님의 영원한 말씀 앞에 서서 대답하지 않을 수 없는 심판의 날이 이를 것이기 때문이다. 그때 어떤 사람들은 너무나 놀라서 혼비백산할 것이다.

하나님의 말씀은 그분이 우리에게 주신 신적 진리의 계시이다. 그것은 성경의 메시지와 호소로서 우리에게 다가온다. 또한 성령께서 우리 마음에 주시는 죄의 자각으로서 다가온다. 그리고 하나님의 아들이시며 그분의 살아 있는 말씀이신 예수 그리스도로서 우리를 찾아온다.

하나님의 말씀은 능력이 있다

이제 하나님 말씀의 능력에 대해 살펴보자. 오늘날 '핵 시대'에 살고 있는 우리는 무엇도 넘어설 수 없는 강력한 힘을 생각할 때 자연스레 핵무기를 떠올리게 된다. 처음에는 핵이라는 말이 그토록 두려운 의미를 갖게 될 것이라고는 상상도 못했다. 모든 사람들, 특히 그리스도인들은 핵의 위협에 대해 민감하게 생각해야 한다. 그렇다면 중성자를 원자의 핵에 그토록 완벽하게 끌어들이는 것은 무엇일까? 이에 대해 나는 이렇게 대답하겠다.

"그것은 하나님의 세상에서 말씀하시는 하나님의 살아 있는 숨호흡이다. 그것은 하나님의 완벽한 형상이요 영원한 아들이신 예수 그리스도이시다. 그리스도는 그분의 능력의 말씀으로 만물을 붙드시는데 히 1:3, 만물이 그분 안에 함께 서 있다 골 1:17."

자유주의자들과 현대주의자들은 이런 내 견해에 동의하지 않을지 모른다. 그들은 하나님의 주권과 능력에 대해 이의를 제기할 것이다. 하지만 바로 그 부분 때문에 그들은 두려움을 가지고 살아간다.

우리가 살고 있는 이 세상을 볼 때, 내 견해야말로 우리가 붙들 수 있는 가장 설득력 있는 견해라고 생각한다. 하나님의 음성이 그분의 세상을 가득 채우고, 살아 계신 말씀이신 예수 그리스도께서 만유를 붙들고 계신다.

하나님의 말씀이 우리에게 말씀하신다. 즉, 죽음을 면할 수 없는 인간의 삶에 말씀하신다. 그분의 말씀은 우리의 양심에 말씀하신다. 즉, 죄를 분명하게 의식하고 있는 양심에게 말씀하신다. 그분의 말씀은 죄가 얼마나 가증하고 비열한 것인지를 폭로하신다.

이 부분에서 당신에게 좀 더 도움을 주고자 한다. 하나님의 말씀은 인간의 마음속에 있는 양심에게 말씀하신다. 하지만 직접 인간을 고발하지는 않는다. 그 대신에 죄를 입증해서 그 죄를 깨달을 수 있게 한다. 죄를 직접 고발하는 것과 죄를 깨닫게 하는 것 사이에는 차이가 있다.

법정에서 피고被告가 법관 앞에 서면 그의 혐의가 구체적으로 언급되고, 원고原告가 등장하며, 증거가 제시된다. 법관이 증거와 변론에 의해 확신을 갖게 되면 피고에게 유죄 판결을 내린다.

하지만 죄를 깨닫게 하는 하나님의 말씀은 이와는 다른 방법을 사용한다. 하나님의 말씀은 어떤 한 사람을 지목해서 "너는 이런 죄를 지은 죄인이다"라고 말씀하시지 않고, 모든 사람들이 죄를 범했다고 선언하신다. 이런 말씀을 통해 죄를 지은 사람뿐만 아니라 그 외의 죄를 지은 다른 사람들까지도 모두 자기가 죄인임을 깨닫게 된다.

하나님의 말씀을 읽어보라. 그러면 죄의 문제가 인간의 삶과 사회에서 가장 긴급하고 강력하고 절박한 문제라는 것을 알게 될 것이다. 가장 긴급한 문제는 질병이 아니다. 전쟁도 아니다. 가난도 아니다. 죄가 가장 근원적 문제이다. 죄는 우리의 영혼과 관련이 있기 때문이다. 죄는 단지 이 땅에서의 짧은 세월에만 영향을 미치는 것이 아니라 인간의 미래와 영원한 내세까지도 좌우한다.

죄 문제는 시대에서 시대로 계속 이어진다. "죄를 어떻게 할 것인가?"라는 문제는 모든 사람에게 찾아온다. 이 질문은 우리가 대답해야 할 어떤 질문보다 중요하다. 우리가 정직하다면 이렇게 고백해야 할 것이다.

"나는 죄에 빠졌다. 죄와 함께 놀았고, 죄를 품에 안았다. 죄가 나를 찔렀고, 죄의 바이러스가 내 인생의 강에 흘러들어왔다. 내 마음의 상태를 바꾸어놓았고 내 판단에 영향을 주었다. 고백하건대 나는 죄와 고의적으로 협력했다."

죄는 질병 그 이상이다. 그것은 영靈의 기형이요, 하나님의 본성을 가장 많이 닮은 인간의 본성에 생긴 비정상적 부분이다. 죄는 사형을 당해 마땅한 범죄요, 천지를 창조하신 전능한 하나님에 대한 반역이다. 또한 우주의 도덕적 질서를 교란시키는 범죄이다. 사람들이 하나님의 도덕적 본성과 그분의 나라에 저항할 때마다 그들은 우주 전체에서 일어나는 그분의 도덕적 통치에 저항하는 것과 같기 때문이다.

우리의 대차대조표

죄인들은 스스로에게 "내 공로가 내 죄의 문제를 해결해줄 수 있는지 없는지를 알아보자"라고 말한다. 그러나 우리가 양심의 소리에 정직하게 귀를 기울인다면 "네가 아닌 외부의 특정한 공로만이 네 도덕적 의무를 만족시킬 수 있다"라고 말하는 소리를 들을 수 있을 것이다. 그들은 천지를 만드신 하나님께 무한한 빚을 지고 있다. 그러므로 각 사람이 자기의 공로로 삼을 만한 한두 가지 선행을 내세운다 해도 하나님께 진 빚을 갚기에는 턱없이 부족하다.

죄인이 어떤 존재인지를 정확히 말해줄 수 있는 단어가 있는데, 그것은 '반역자'라는 말이다. 죄인은 반역자이다. 게다가 그들은 자신과 동일한 존재에게 반역한 것이 아니라 창조주 하나님과 그분의 나라에 반역했다.

이런 예를 생각해보자. 반역죄로 런던의 한 감옥에 갇혀 있던 죄수가 여왕을 알현하게 해달라고 요청한다. 하지만 나라의 안전을 위협한 반역자에게 그런 일이 허락될 수는 없다. 그렇게 되려면 먼저 그의 죄가 용서받아야 한다. 여왕 앞으로 나아가려면 그가 먼저 자신의 삶의 방식을 바꾸어야 한다.

하지만 그것만으로는 충분하지 않다. 만일 그가 변화되었고 용서를 받았다 해도 여왕 앞에 나가기 전에 죄수복을 벗

우리의 대차대조표

죄인들은 스스로에게 "내 공로가 내 죄의 문제를 해결해줄 수 있는지 없는지를 알아보자"라고 말한다. 그러나 우리가 양심의 소리에 정직하게 귀를 기울인다면 "네가 아닌 외부의 특정한 공로만이 네 도덕적 의무를 만족시킬 수 있다"라고 말하는 소리를 들을 수 있을 것이다. 그들은 천지를 만드신 하나님께 무한한 빚을 지고 있다. 그러므로 각 사람이 자기의 공로로 삼을 만한 한두 가지 선행을 내세운다 해도 하나님께 진 빚을 갚기에는 턱없이 부족하다.

죄인이 어떤 존재인지를 정확히 말해줄 수 있는 단어가 있는데, 그것은 '반역자'라는 말이다. 죄인은 반역자이다. 게다가 그들은 자신과 동일한 존재에게 반역한 것이 아니라 창조주 하나님과 그분의 나라에 반역했다.

이런 예를 생각해보자. 반역죄로 런던의 한 감옥에 갇혀 있던 죄수가 여왕을 알현하게 해달라고 요청한다. 하지만 나라의 안전을 위협한 반역자에게 그런 일이 허락될 수는 없다. 그렇게 되려면 먼저 그의 죄가 용서받아야 한다. 여왕 앞으로 나아가려면 그가 먼저 자신의 삶의 방식을 바꾸어야 한다.

하지만 그것만으로는 충분하지 않다. 만일 그가 변화되었고 용서를 받았다 해도 여왕 앞에 나가기 전에 죄수복을 벗고 새로운 옷을 입어야 할 것이다. 깨끗이 씻고 용모를 단정히 한 후에야 여왕 앞으로 나아갈 수 있을 것이다.

이 비유가 완전한 비유라고 할 수는 없겠지만 그래도 죄인이 어떤 문제에 빠져 있는지는 잘 설명해준다고 본다. 죄인이 거룩한 하나님 앞으로 나아가 그분과 교제를 나누려면 반역이 종식되어야 하고, 죄 사함이 있어야 하며, 깨끗이 씻고 의의 옷을 입는 일이 선행되어야 한다.

이를 위해서 예수 그리스도께서 보혈을 흘리셨다. 하나님의 영원한 아들께서 그 모든 것을 이루신 것이다. 그분은 의로운 자로서 불의한 자들을 위해 돌아가셨다. 천지를 만드시고 능력의 말씀으로 만물을 붙드시는 분이 불의한 자들을 위해 돌아가셨다는 것은 경외심을 불러일으키는 놀라운 일이 아닐 수 없다.

히브리서 기자는 이렇게 증거한다.

"(영원한 아들이신 예수 그리스도께서) 죄를 정결하게 하는 일을 하시고 높은 곳에 계신 지극히 크신 이의 우편에 앉으셨느니라" 히 1:3.

이것이 기독교의 가장 중요하고 근본적인 메시지이다. 이것이 하나님께 받은 계시에 충실한 기독교가 세상에 선포하는 증거이다. 그리스도께서는 치욕스런 죽음을 당하기 위해 이 세상에 오셨다. 그분은 오직 하나님만이 해결하실 수 있는 죄의 문제를 해결하기 위해 이 땅에 오셨다.

성경은 때가 되어 이 땅에 오신 주 예수 그리스도께서 하늘과 땅 사이에, 갈보리 언덕의 십자가에 달리셨던 날에 대해 충분히 기록하고 있다.

세상의 죄를 담당하기 위해 스스로 이 땅에 오신 하나님의 어린양은 그분의 사명을 완수하셨다. 이 땅의 그 누구도 그분을 도울 수 없었다. 악한 자들이 그분을 십자가에 못 박은 후 지극히 고통스런 시간이 그분께 찾아왔을 때 하늘의 아버지께서는 블라인드를 내리셨고, 세상은 어둠에 지배당했다. 영원한 아들께서 우리의 죄를 씻어버리기 위해 죽어가고 계셨다. 그분은 홀로 고통을 당하셨다. 그리고 홀로 죽으셨다. 하지만 그 고통과 죽음을 통해 그분은 영원한 효력을 발휘하는 희생제사를 완성하셨다.

영원한 희생제사

그리스도의 죽음은 영원한 효력을 발휘하는 완성된 희생제사로, 이는 결코 반복될 수 없다. 이것이 개신교의 분명한 견해다. 나는 이 견해에 동의하지 않는 신학자들의 글을 읽어보았다. 그들은 성례전이 거행될 때마다 구주께서 반복하여 죽으신다는 것을 극적으로 묘사한다. 만일 그리스도께서 매주 죽으셔야 한다면 그분의 희생제사가 단지 일주일 동안만 효력을 가진다고 말해야 할 것이다. 한쪽에서는 그분의 희생제사가 단 한 번 일어난 것으로 영원한 효력을 발휘한다고 주장한다. 또 다른 쪽에서는 그분의 희생제사가 끊임없이 반복되어야 한다고 주장한다. 이 두 견해 사이에는 본질적인 차이가 있다.

그렇다면 성경은 무엇이라고 가르치는가? 성경은 다음과 같이 분명히 밝힌다.

"그리스도께서도 단번에 죄를 위하여 죽으사 의인으로서 불의한 자를 대신하셨으니 이는 우리를 하나님 앞으로 인도하려 하심이라" 벧전 3:18.

그분은 단번에 영원히 유효한 희생제사를 드리셨으므로 다시는 이것이 반복될 수 없다. 그리스도의 죽음과 부활은 이미 죄의 문제를 해결했다. 그리고 이 복된 소식을 믿는 그리스도인들은 죄 사함을 받고 죄에서 깨끗하게 되었다.

좋은 소식은 또 있다

하지만 단번에 드려진 그리스도의 희생제사를 통해 죄 사함을 얻어 깨끗하게 된 것은 복된 소식의 일부에 불과하다.

그분은 죽으셨을 뿐만 아니라 다시 사셨기 때문이다. 다시 사신 그분은 하늘에 오르셔서 지극히 크신 이의 우편에 앉으셨다. 이 소식, 지극히 큰 통치자께서 영광 가운데에 거하신다는 소식은 도덕적으로 타락하고 하나님과 그분의 기름부음을 받은 분에게 공공연히 반역하는 일이 일어나는 이 시대를 사는 우리에게 큰 위로를 준다.

'지극히 크신 분'께서 여전히 하늘 보좌를 충만히 채우신다. 그리스도는 이전에 지극히 오랜 세월 동안 계셨던 자리로 되돌아가셨다. 천사들, 천사장들, 스랍들 그리고 그룹들은 "거룩하다 거룩하다 거룩하다 주 하나님 곧 전능하신 이여"계 4:8라며 끊임없이 찬양을 드린다.

나와 편지를 주고받으며 교제를 나누는 사람 중에 성경을 진지하게 연구하는 사람이 있다. 그는 오늘날의 기독교가 인자로 이 땅에 오신 예수님이 그 모습 그대로 부활하여 승천하셨다는 것을 더욱 확실히 주장하지 않는다고 개탄한다. 그는 목회자와 성경 교사들에게 지금 하나님 우편에 계신 예수 그리스도께서 어떤 존재라고 생각하는지에 대해 질문해보았다. 그랬더니 그중 대부분이 예수님이 이 땅에 계셨을 때는 인간의 몸을 입고 계셨지만, 지금은 단지 영으로 존재하신다고 믿는 경향이 많았다고 한다.

예수님은 죽은 자들로부터 부활하신 후 그분의 제자들에게 나타나셨다. 그분은 도마에게 그분의 몸에 생긴 상처 자국을 만져보라고 말씀하셨다. 그분은 두려움에 떨고 있는 제자들에게 말씀하셨다.

"내 손과 발을 보고 나인 줄 알라 또 나를 만져 보라 영은 살과 뼈가 없으되 너희 보는 바와 같이 나는 있느니라" 눅 24:39.

여기에는 복된 의미가 담겨 있다! 그분의 말씀을 들은 우리는 다음과 같은 신약의 증거에 대해서도 잘 알고 있다.

"이 예수를 하나님이 살리신지라 우리가 다 이 일에 증인이로다 하나님이 오른손으로 예수를 높이시매 그가 약속하신 성령을 아버지께 받아서 너희가 보고 듣는 이것을 부어주셨느니라" 행 2:32,33.

사도 바울은 디모데에게 이렇게 말했다.

"하나님은 한 분이시요 또 하나님과 사람 사이에 중보자도 한 분이시니 곧 사람이신 그리스도 예수라 그가 모든 사람을 위하여 자기를 대속물로 주셨으니" 딤전 2:5,6.

이것은 우리 시대의 그리스도인들을 위한 큰 승리로 간주되어야 한다. 예수님은 인자의 모습으로 높아지셔서 하나님 우편에 앉아 계신다. 이것은 굉장히 중요한 사실이다.

그리스도인들은 예수님과 연합되어 있다

예수님을 가리켜 '승리하신 하나님'이라고 표현하는 것은 적절하지 못하다. 하나님은 언제나 승리의 하나님이시기 때문이다. 주권적 하나님에게 패배라는 것은 있을 수 없다. 우리는 예수님이 '사람이신 그리스도'라고 믿은 초대교회 신자들의 견해를 따라야 한다. 그분은 '승리하신 인간'이시다. 그러므로 만일 우리가 그분 안에 있다면 우리도 승리할 수 있다.

우리는 거듭남의 기적을 통하여 믿음으로 하나님나라에 들어와 있다. 그리스도인으로서 우리는 우리의 본성이 성육신의 신비를 통하여 하나님의 본성과 연합되었다는 것을 알아야 한다.

예수님은 아직 믿지 않는 사람들에게 그들도 하나님의 마음속에 있다는 것을 깨닫게 하시고자 모든 노력을 기울이셨다. 그리스도가 그렇게 하신 이유는 우리에게 자격이 있기 때문이 아니라 그분에게 자격이 있기 때문이며, 또 그분이 교회의 머리이시기 때문이다. 그리스도는 하나님 앞에서 우리를 대표하신다.

예수 그리스도는 우리의 모범이 되신다. 그러므로 우리는 믿음과 교제에서 그분의 모범을 따라야 한다. 그분은 우리를 혼자 내버려두지 않으신다. 그분은 우리의 눈길이 주변 세상에만 머무는 것을 원하지 않으신다. 그분은 우리가 믿음의 눈으로 위에 계신 하나님을 바라보기 원하신다. 또 그분은 우리가 하나님 우편에 앉아서 승리자로서 통치하시는 그분, 즉 인자로서 영광 가운데 계신 예수 그리스도를 볼 줄 아는 믿음의 눈을 갖기를 원하신다.

Chapter 5 | Jesus, One Face of One God
한 분 하나님의 한 얼굴이신
예수 그리스도

삼위일체 하나님이 함께 이루신 구원

그리스도인이라면 살아 계신 하나님이 죄에 빠진 인류에게 스스로를 주권적 성부와 영원한 성자와 성실한 성령으로 계시하셨다는 것을 결코 부정할 수 없다. 하지만 일부 그리스도인들은 "나는 예수님만 따르면 된다. 다른 것들은 내가 알 바 아니다"라는 사고방식에 집착한다. 그들은 우리가 날마다 성부와 성자와 성령의 약속된 사역에 의존할 수밖에 없는 존재라는 것을 잘 모르는 듯하다.

그런 사람들을 위해, 아니 기독교를 믿는 우리 모두를 위해 히브리서 기자는 그리스도께서 영원하신 성령으로 말미암아 흠 없는 자기를 하나님께 드리셨다는 진리를 분명히 밝힌다 히 9:14.

"나는 내가 그리스도에 대해 알고 있는 것으로 만족합니다. 더 앞으로 나아갈 필요는 느끼지 못합니다"라고 말하는 '어린아이 같은 그리스도인들'에게 이 진리를 효과적으로 가르칠 수 있는 방법은 무엇인가? 가장 좋은 방법은 기독교의 교리를 확실히 가르쳐주는 것이다.

"성경의 분명한 가르침에 따르면, 영원하신 삼위일체 즉 성부 하나님과 성자 하나님과 성령 하나님이 멸망할 수밖에 없는 인류를 위해 속량을 이루셨다."

이 말이 우리의 속량과 하나님의 속죄 사역의 관점에서 볼 때 얼마나 중요한 것인지는 아무리 강조해도 지나치지 않다.

하나님의 말씀을 잘 배우겠다는 마음이 우리에게 없다면 우리는 그분을 온전히 기쁘게 해드릴 수 없다. 그렇다면 하나님의 말씀을 잘 배우는 것이 무엇인가? 물론 그것은 종교 교육을 잘 받는 것을 의미하지 않는다. 그것은 기독교 신앙에 필요한 기본 개념들을 잘 배우는 것을 의미한다.

"신약의 계시가 낳을 수 있는 최고의 결과는 의롭게 살도록 하는 힘을 성도 안에 불어넣어주는 것이다"라는 개념도 그중 하나이다. 하나님은 성도들에게 "나는 인간의 양심을 죽은 종교적 행실에서 깨끗하게 할 수 있다. 나는 성도들이 환경에 상관없이 기쁨과 승리 가운데 나를 섬기도록 만들 수 있다"라고 확실히 말씀하기 원하신다.

히브리서 기자는 위기의 때를 살아가고 있던 초대교회의 유대 그리스도인들에게 종교적 형식과 관습들을 의지하라고 가르치지 않는다. 그는 하나님이 그리스도를 중심으로 맺으신 새 언약 안에서 그들을 위해 이루신 것을 붙잡아야 한다고 강조한다.

어떤 것이 더 중요한가?

누군가가 연륜 있고 지혜로운 한 성도에게 "하나님의 말씀을 읽는 것과 기도하는 것 중에서 어떤 것이 더 중요합니까?"라고 물었다. 그러자 그는 "새에게 오른쪽 날개가 더 중요합니까, 아니면 왼쪽 날개가 더 중요합니까?"라고 되물었다고 한다.

히브리서 기자는 그리스도인들이 믿어야 하는 것이라면 하나도 빼지 말고 전부 믿어야 한다고 말한다. 또한 그리스도인들은 하나님의 말씀이 명하는 모든 것을 행해야 한다. '믿음의 날개'와 '행함의 날개'가 모두 있어야 하나님의 존전까지 날아오를 수 있다.

"나는 교리와 교훈 같은 것으로 고민하지 않습니다. 오직 나는 예수님을 의지하고 그분을 즐거워할 것입니다"라고 말하는 성도들의 태도를 반항심이라고 말하기는 어렵지만 일종의 독립심이 느껴지는 것이 사실이다. 이런 태도를 가지면 다른 사람들과 충돌할 일이 별로 없다. 나는 이들을 비난할 생각이 없다. 그렇지만 적절한 격려와 경건한 모범을 통해 그들을 좀 더 균형 잡힌 신앙으로 이끌어줄 필요는 있다고 여긴다.

하나님은 인간에게 사고할 수 있는 능력을 주셨고, 인간은 그 능력을 사용하여 다양한 정신적 분야들을 발전시켜 왔다. 하지만 거듭나 의롭다 함을 얻은 성도들에게는 정신적 능력뿐만 아니라 완전히 새로운 영적 능력도 주셨다. 하나님은 우리가 그 능력으로 그분의 말씀을 믿고 생각하고 묵상하고 연구하기를 원하신다. 성령께서도 우리를 가르치실 것이라고 약속하셨다. 그분은 예수 그리스도 안에서 우리에게 주어질 모든 복에 대해 분명히 말씀해주셨다.

히브리서 9장 14절에 따르면, 성자 하나님이신 예수 그리스도는 거룩한 성령을 통하여 자신을 하나님, 즉 하늘에 계신 아버지께 드리셨다. 그러므로 속량의 사역에는 삼위일체 하나님이 모두 관여하신 것이다.

하나님의 삼위三位께서 서로 독립하여 독자적으로 자신의 사역을 이루실 수 없다는 것을 명심하라. 우리가 거룩한 삼위를 나누어서 생각하는 것은 사실이지만, 그분들이 분리될 수는 없다. 초대교회의 교부들은 이러한 삼위의 전체성을 인정했다. 그들은 하나님이 삼위로 존재하신다는 것을 우리가 인정한다 할지라도 삼위일체의 본질을 나누어서는 안 된다고 가르쳤다.

성경의 주장에는 모순이 없다

어떤 사람들은 성경이 삼위일체와 관련해서 모순을 범하고 있다고 주장한다. 예를 들면 그들은 "창세기는 하나님이 천지를 지으셨다고 말하고, 신약은 말씀 즉 성자 하나님이 만유를 지으셨다고 말한다. 또 성경의 어떤 구절들은 성령의 창조 사역에 대해 말한다"라고 비판한다.

그러나 이런 언급들은 서로 모순되는 것이 아니다. 아버지와 아들과 성령께서는 창조의 기적을 이루기 위해 함께 일하셨다. 마치 인간 속량의 계획과 성취에서 함께 일하셨듯이 말이다. 초대교회 교부들의 이야기를 빌려 말하자면, 아버지와 아들과 성령은 본질이 동일하시다. 그분들은 본질이 하나이시며 서로 분리될 수 없다.

예수님은 이 땅에서 사역을 시작하려고 하실 때 세례를 받기 위해 요단강의 세례 요한에게 가셨다. 성경의 기록에 의하면, 그분이 세례를 받으신 사건에는 삼위가 모두 관여되어 있다. 그분이 세례를 받고 강가에 서셨을 때 성령이 비둘기처럼 그분에게 임하셨고, 하늘에서는 성부 하나님의 음성이 들렸다.

"이는 내 사랑하는 아들이요 내 기뻐하는 자라" 마 3:17.

성경의 또 다른 구절들에 의하면, 삼위는 그리스도의 영광스런 부활 사건에도 함께하셨다. 이 땅에서 일하실 때 예수님은 자신의 죽음을 예언하셨다.

"너희가 이 성전을 헐라 내가 사흘 동안에 일으키리라" 요 2:19.

또한 그분은 아버지께서 제3일에 자신을 다시 일으키실 것을 예언하셨다. 우리는 "아버지께서 예수님을 죽은 자들로부터 일으키셨다"라고 말하는 데 익숙해져 있다. 하지만 로마서 1장은 "(예수 그리스도께서) 성결의 영으로는 죽은 자들 가운데서 부활하사 능력으로 하나님의 아들로 선포되셨으니" 롬 1:4 라고 말한다.

거룩한 삼위일체 하나님께서 완벽한 조화를 이루어 함께 일하셨다고 말하는 구절들이 성경의 이곳저곳에 많이 나온다. 나는 성경이 거룩한 삼위일체의 사역들에 대해 우리에게 확실히 말해주는 것이 기쁘다. 하지만 나는 많은 사람들이 삼위일체의 개념과 교리를 이해하는 데 어려움을 느끼고 있다는 것을 잘 안다. 삼위일체의 교리를 이해하려면 매우 부지런해져야 한다. 진리가 자랄 수 있는 토양을 만들려면 우리가 먼저 잡초를 뽑아내야 하기 때문이다.

밭을 열심히 경작하지 않으면서 "왜 우리 밭에서는 잘 익은 붉은 토마토와 노란 옥수수를 거둘 수 없는가?"라고 불평한 적이 있을 것이다. 하지만 밭을 경작하지 않고 그대로 내버려두면 땅은 자신의 소산 그대로, 즉 잡초와 엉겅퀴와 찔레를 내놓을 뿐이다. 아담의 타락으로 세상이 완전히 뒤집어졌기 때문이다. 하나님은 타락한 아담에게 다음과 같이 말씀하셨다.

"땅은 너로 말미암아 저주를 받고 너는 네 평생에 수고하여야 그 소산을 먹으리라 땅이 네게 가시덤불과 엉겅퀴를 낼 것이라 네가 먹을 것은 밭의 채소인즉" 창 3:17,18.

우리가 부인할 수 없는 자명한 진리

나는 창세기 3장의 역사적 통찰로 인해 하나님께 감사한다. 아담과 하와는 하나님의 말씀을 어기는 죄를 범했기 때문에 그들 본래의 거룩하고 고상한 지위를 잃어버렸다. 성령의 감동으로 기록된 성경의 기록이 없다 할지라도 우리는 아담과 하와의 자손이 죄인이라는 것을 알 수 있다. 매일 신문에 실리는 소식들이 그것을 충분히 증명해준다.

뉴스를 보라. 미움이 도처에 존재한다. 우리 주변에는 탐욕이 가득하다. 교만과 폭력이 인류를 지배하고 있다. 살인과 전쟁에 대한 이야기들도 어렵지 않게 들을 수 있다. 인간이 서로에게 죄를 범하고, 또 하나님께 죄를 범하는 일들이 끊임없이 계속된다. 성경은 인간의 범죄와 타락의 전모를 우리에게 들려준다. 우리는 죄를 범했다. 하지만 그것이 전부가 아니다. 우리의 반역 때문에 우리는 하나님에게서 멀어졌다.

어떤 사람들은 죄를 범한 자들을 자신 앞에서 영원히 추방해버릴 수 있는 하나님의 권리에 이의를 제기하고 싶어 한다. 그들은 하나님에 대해 인본주의적 사상을 만들어내고 또 그것을 붙들겠다고 고집을 부린다. 그렇기 때문에 나는 우리가 먼저 잡초를 제거해야 한다고 말하는 것이다. 그렇다면 잡초는 어떻게 제거할 수 있는가?

첫째, 성자 예수 그리스도께서 성부 하나님과 다르시다는 오래된 사상이 있다. 사랑의 그리스도는 우리 편이시지만 진노의 성부는 우리를 대적하신다는 생각이 퍼져 있는 것이다.

그러나 지난 역사를 살펴보면 그런 생각이 완전히 잘못된 것임이 드러난다.

하나님이신 그리스도께서는 우리를 위하신다. 하나님이신 아버지께서도 우리를 위하신다. 하나님이신 성령께서도 우리를 위하신다. 이것이야말로 우리가 생각할 수 있는 가장 위대한 진리 중 하나이다. 그렇기 때문에 성자께서 우리를 위해 죽기 위해 이 땅에 오셨다. 그렇기 때문에 우리의 대제사장이신 부활의 주님이 높은 곳에 계신 지극히 크신 이의 우편에서 우리를 위해 중보하고 계신다.

그리스도는 하늘에 계신 우리의 대언자代言者이시다. 우리의 마음 안에 거하시는 성령은 우리 안에 계신 대언자이시다. 성부와 성자와 성령은 교회, 즉 그리스도의 몸에 대해 동일한 생각을 갖고 계신다.

내가 고백할 것이 있다. 신자가 된 후 나는 신약이 사랑의 책이고 구약이 심판의 책이라고 생각했다. 그 생각을 극복하기까지 꽤 긴 세월이 걸렸다. 이 문제에 나름대로 시간을 투자하여 연구한 결과 이제 나는 확신 있게 말할 수 있다.

"그러한 구분은 잘못된 것이다!"

예를 들어 '자비'라는 단어가 언급되는 횟수를 비율적으로 말하자면, 신약에 한 번 나올 때 구약에는 세 번 나온다! 또한 구약도 신약만큼 하나님의 은혜와 성실하심에 대해 언급한다. 노아에 대한 기록을 보면 구약에도 '은혜'가 언급된 것을 알 수 있다.

"노아는 여호와께 은혜를 입었더라" 창 6:8.

시편의 한 구절도 참고해보라.

"여호와는 긍휼이 많으시고 은혜로우시며 노하기를 더디 하시고 인자하심이 풍부하시도다" 시 103:8.

반면 신약에서도 심판이 언급된다. 복음서에 나오는 예수님의 말씀을 읽어보라. 베드로의 경고를 읽어보라. 유다의 편지를 읽어보라. 요한계시록을 읽어보라. 세상에 임할 하나님의 무서운 심판에 대해 경고하는 신약 구절들을 찾아볼 수 있을 것이다.

우리는 변하지 않으시는 하나님을 믿는다

하나님은 심판의 하나님이신 동시에 무한한 은혜의 하나님이시다. 그분은 언제나 동일하시다. 그분은 변하지 않으시며 머뭇거리지도 않으신다. 여기서 내가 '하나님'이라고 말할 때는 성부와 성자와 성령의 삼위일체 하나님을 의미한다.

내가 볼 때, 많은 목회자와 복음전도자들이 잘못 생각하고 있는 것들이 있다. 그들은 "그리스도께서 우리를 위해 죽으심으로써 하나님을 설득하여 우리의 편이 되게 하셨다"라는 식으로 말해서 성도들에게 잘못된 생각을 심어주었다. 그들의 이야기를 들으면, 진노한 하나님이 복수의 막대기를 휘둘러 인류를 멸하려 하실 때 성자 예수님이 갑자기 나타나서 하나님을 막으시고 우리를 피신시키셨다고 느끼게 된다. 이런 식의 이야기가 한 편의 연극처럼 극적 효과를 낼 수 있을지는 몰라도 신학적으로는 엉터리이다.

하늘에 계신 아버지는 세상을 지극히 사랑하셨기 때문에 그분의 독생자를 주셨다! 아들을 세상에 보내사 인류를 위하여 죽게 한 것은 하나님의 사랑이다! 영원한 아들께서 세상의 죄를 위해 죽어야 하는 문제에서 아버지와 아들과 성령이 완전한 의견 일치를 보이셨다. 우리는 "예수께서 십자가에서 무한한 고통 가운데 홀로 돌아가실 때 성부 하나님의 사랑의 마음도 아들만큼 무한히 고통당하셨다"라고 선포하고, 또 그렇게 믿어야 한다.

우리는 성자께서 십자가에서 홀로 돌아가신 것이 삼위일체 하나님에게 어떤 의미를 지녔는지를 깨닫게 해달라고 주님께 구해야 한다. 거룩한 아버지께서 그분의 의義 때문에 부득이 십자가의 아들에게서 등을 돌리셨지만 아버지의 마음은 아들의 마음만큼 고통스러웠을 것이다. 로마 병사가 그의 창으로 예수님의 옆구리를 찔렀을 때 하늘에서도 그 고통을 느끼셨을 것이다.

오랜 세월 동안 사람들이 믿어온 잘못된 개념이 또 있다. 우리는 삼위 중 한 분만이 속량의 계획에 참여하셨다고 배워왔다. 그러나 히브리서 9장 14절에 따르면, 성부와 성자와 성령께서 모두 그 계획에 참여하셨다. 성부께서는 성자의 제물을 성령을 통해 받으셨다.

그렇다면 그 제물은 무엇이었는가? 그것은 허물 없고 죄 없는 아들이셨다! 그분께서 흠 없고 점 없는 하나님의 어린양으로 드려지셨다! 아들께서 성령을 통해 속전贖錢을 아버지께 드리신 것이다!

진리는 각 개인에게 적용되어야 한다

이러한 속량의 은혜가 하나님의 마음으로부터 아들을 통하여 성령에 의해 인류에게 흘러내렸다. 하지만 구원은 각 사람이 그 은혜를 받아들이고 고백함으로 얻을 수 있다.

속량은 십자가에서 이루어진 것이지만 구원은 우리 안에서 일어나고 적용되어야 한다. 속량 그 자체는 객관적 사실로 우리 외부에 속한다. 그러므로 우리가 믿음으로 속량을 우리의 것으로 취할 때 구원을 얻을 수 있다. 거룩한 삼위일체 하나님은 멸망할 수밖에 없는 자들을 구원으로 초대하는 일을 계속하신다.

복음서에는 예수님이 죄인들과 함께 잡수시고 말씀을 나누셨다고 기록되어 있다. 그분에게는 그렇게 하시는 이유가 있었다. 그분이 그들의 사악함을 받아들이셨기 때문이 아니라 죄 사함과 구원을 주는 것이 그분의 본성이었기 때문에 그렇게 하신 것이다. 그분의 비판자들과 적들은 그것을 보고 "당신은 어떤 종교인이기에 그렇게 행동하는가? 어찌하여 죄인들과 먹으며 대화하는가?"라고 물었다. 예수님은 그들의 질문에 충분한 대답이 될 수 있는 말씀을 주셨다. 그분은 세 가지 이야기를 해주셨는데, 내용상으로는 모두 동일한 이야기들이다.

우선 예수님은 양 우리에 있던 백 마리의 양 중에 한 마리가 어디론가 사라져버린 이야기를 해주셨다. 목자는 그 잃어버린 양을 찾기 위해 아흔아홉 마리의 양들을 두고 헤매고 다녔다. 한 마리의 양을 찾을 때까지 마음이 편하지 않았다.

예수님의 두 번째 이야기에는 열 드라크마를 애지중지하는 여자가 등장한다. 그런데 어느 날 보니까 그중 한 드라크마가 사라졌다. 그녀는 등불과 빗자루를 가지고 온 집 안을 쓸면서 그것을 찾아다녔다. 결국 그녀의 노력은 보답을 받았다. 그녀는 뛸 듯이 기뻐하며 "잃어버린 한 드라크마를 찾았다!"라고 소리쳤다.

예수님의 그 다음 이야기에는 어떤 아버지와 그의 두 아들이 등장한다. 두 아들 중 한 사람은 오늘날의 표현으로 말하자면 '패륜아'였다. 그는 "아버지여 재산 중에서 내게 돌아올 분깃을 내게 주소서" 눅 15:12라고 말했고, 그의 아버지는 그렇게 해주었다. 나는 그 아버지가 왜 그렇게 했는지 잘 이해되지는 않는다.

아무튼 자기의 몫을 받은 그는 먼 나라로 가서 자기의 재산을 곧 탕진해버렸다. 거짓 친구들에게 버림받은 그는 주린 배를 채우기 위해 악취 풍기는 돼지우리에서 돼지들을 돌보아야 했다. 그러다가 "내가 얼마나 어리석은 사람인가! 집으로 돌아가서 내 아버지의 종이 되리라. 그러면 적어도 굶어 죽지는 않을 것이다"라는 결단을 하게 된다.

우리 모두는 그 사람의 결말이 어떻게 되었는지를 잘 알고 있다. 아버지의 집으로 돌아간 그는 "내가 … 아버지의 아들이라 일컬음을 감당하지 못하겠나이다" 눅 15:21라고 말했다. 하지만 아버지는 그를 용서했고, 그에게 새 옷을 입히고 큰 잔치를 열었다. 아버지는 크게 기뻐하면서 그를 가족의 일원으로 다시 받아주었다.

세 가지 이야기에 담긴 의미

나는 이 세 이야기를 오랜 세월 동안 읽고 연구했지만, 예수님이 이를 통해 가르치려고 하신 바를 다 알 수 없다는 생각이 들었다. 주석들과 각종 참고 서적들을 찾아보았지만 마음에는 뭔가 미진함이 있었다. 그래서 "하나님에게서 멀어진 우리, 멸망을 피할 수 없는 인류에게 무슨 메시지를 주시려고 이 세 가지 이야기를 주셨습니까? 제게 깨닫게 해주십시오"라고 기도했고, 결국 알게 되었다.

세 이야기를 통해 예수님은 삼위일체 하나님이 사랑 가운데 우리를 찾으신다는 것을 말씀하고 계신다. 여기서 집 나간 아들과 사라진 양, 잃어버린 드라크마는 모두 멸망할 수밖에 없는 세상을 의미한다. 그리고 세 이야기 속에서 집 나간 아들을 찾으시는 성부, 사라진 양을 찾으시는 선한 목자 성자, 그리고 잃어버린 드라크마를 찾으시는 성령을 볼 수 있어야 한다(성령은 등불을 든 여자로 표현된다). 그러면 우리는 인류를 속량하기 위한 삼위일체 하나님의 사역을 알게 될 것이다.

예수님의 말씀 속에는 "그렇기 때문에 내가 죄인들과 함께 먹는 것이다. 성자로서 나는 사라진 내 양을 찾는 목자이다. 내 아버지는 집 나간 그분의 아들을 찾으신다. 성령은 잃어버린 그분의 드라크마를 찾으신다"라는 뜻이 담겨 있다.

  성부와 성자와 성령은 언제나 잃어버린 자들을 찾고 계셨다. 성부와 성자와 성령은 합력하여 잃어버린 자들을 찾으신다. 하나님의 아들은 자신을 거룩한 제물로 드리셨고, 성령은 그 제물을 성부에게 전하셨고, 성부는 그 제물을 받으셨다. 그렇게 거룩한 삼위일체 하나님은 잃어버린 자들을 찾아서 구원하는 위대한 일에 동참하신 것이다.

JESUS

PART 2

모든 이름 위에 뛰어나신 주
예수 그리스도

Chapter 6 | **Jesus,** Heir of All Things

만유의 상속자이신
예수 그리스도

만유의 개념

하나님에 대한 반역과 죄는 그분이 창조하신 이 땅에 괴물 같은 그림자를 드리웠다. 하지만 창조주 하나님과 그분의 말씀을 믿는 우리는 두 가지 사실을 확신할 수 있다. 첫째는 하늘과 땅이 한 하나님께서 계획하고 만드신 하나의 통일체라는 사실이다. 둘째는 주권자이신 하나님께서 우주가 영원한 모순으로 끝나도록 만들지 않으셨다는 것, 다시 말해서 우주 회복의 날이 도래할 것이라는 사실이다.

히브리서를 연구할 때 우리는 히브리서 기자의 주장 속에 계시된 진리가 담겨 있음을 보게 된다. 그의 주장에 따르면,

하나님은 당신의 영원한 아들이신 예수 그리스도를 통하여 모든 세계를 지으셨고, 또 그분을 '만유의 상속자'로 세우셨다 히 1:2 참조.

'그리스도께서 만유의 상속자'라는 말이 현대인들에게는 그리 중요하게 들리지 않을지 모른다. 그것은 아마도 '만유' 곧 '모든 것'이라는 말을 자신에게 익숙한 의미 안에서 제한적으로 해석하기 때문일 것이다. '모든 것'이라는 말을 들을 때 그들의 머리에 떠오르는 것은 '생활의 모든 환경'일 것이다. 편한 환경이든 힘든 환경이든, 단순한 환경이든 복잡한 환경이든 간에 말이다. 하지만 성령께서는 히브리서의 도입 부분에서 '만유'라는 말을 매우 의미심장하고 특별한 의미로 사용하신다.

'만유'는 곧 우주이다

여기서 '만유'라는 말은 '우주'라는 의미를 담은 신학 용어로 사용되었다. 철학자들은 이 말 대신 '우주'라는 말을 사용한다. 물론 '만유'라는 말에 담긴 뜻을 전부 이해하기란 쉽지 않다. 그렇더라도 이 시대의 설교자들은 하나님의 영원한 주제들에 대해 깊이 사색하거나 머리를 쓰려 하지 않을 뿐 아니라 성도들을 그런 사색의 길로 이끌지 못한다.

그리스도께서 십자가에서 죽고 무덤에서 다시 살아나셨기 때문에 그리스도인들은 마땅히 가야 할 지옥에서 벗어나게 되었다. 즉 피하게 되었다. 오늘날 설교자들은 이것에만 집중한다. 하지만 이 진리를 강조하느라고 다른 모든 진리들을 놓치게 된다면 그리스도인들은 하나님의 영원한 목적들에 대한 성경의 교훈을 온전히 이해할 수 없게 될 것이다.

이는 기독교의 사회적, 윤리적 역할에만 관심을 쏟는 사람들에게도 해당된다. 기독교의 사회적, 윤리적 역할이 사람들의 기대감을 충족시켜주는 매력적인 것임에는 틀림없지만, 그렇다고 거기서 멈추면 안 된다. 그렇게 되면 우리를 사랑하사 우리를 부르신 하나님의 더 큰 약속들과 더 고상한 계획들을 이해할 수 없게 되기 때문이다.

우리는 진지해져야 한다

깊게 생각하지 않는 사람들은 곧잘 이렇게 생각한다.

'기독교는 이 세상의 삶이 끝나면 천국에 간다는 확신을 갖고 이 세상에서의 삶을 더 재미있고 편하고 단순하게 살 수 있게 해준다.'

하지만 우리는 여기서 멈추지 말고, 스스로에게 다짐해야 한다.

'나는 내 삶과 내 증거와 내 미래를 향한 하나님의 뜻을 알 때까지 기도하고 충분히 생각하겠다.'

주님은 우리의 영원한 미래를 위한 그분의 놀랍고 깊은 계획들을 우리에게 보여주기 원하신다. 이 땅에서 자기 자녀에게 유산을 물려주기로 마음먹은 아버지는 그 일을 위해 여러 가지를 준비한다. 즉 자신의 재산, 은행 계좌, 주식, 채권 및 기타 소유물의 상속을 위해 조치를 취한다. 그리고 그 조치가 효력을 발휘하기 시작하면 그의 아들은 아버지의 모든 재산에 대해 권리를 행사할 수 있게 된다. 전에는 결코 소유해 본 적이 없는 재산을 손에 쥐게 되는 것이다.

하지만 이런 원리가 주 예수 그리스도의 권리와 소유물과 권위에 그대로 적용되는 것은 아니다. 그분은 이미 주님이시다. 부활하신 영원한 아들로서 그분은 하늘에 앉으시어 장차 임할 우주적 최종 완성의 때를 기다리고 계신다. 사도 요한은 태초부터 하나님의 말씀이셨던 영원한 아들에 대해 이렇게 증언한다.

"태초에 말씀이 계시니라 이 말씀이 하나님과 함께 계셨으니 이 말씀은 곧 하나님이시니라 그가 태초에 하나님과 함께 계셨고 만물이 그로 말미암아 지은 바 되었으니 지은 것이 하나도 그가 없이는 된 것이 없느니라 그 안에 생명이 있었으니 이 생명은 사람들의 빛이라" 요 1:1-4.

물질의 원자나 분자가 있기 전에, 별이나 은하계가 존재하기 전에, 빛이나 운동이 있기 전에, 물질이나 물질의 덩어리가 있기 전에 그분이 계셨다. 어떤 피조물이 존재하기 전부터 그분은 존재하셨다. 왜냐하면 그분은 스스로 존재하시는 자존적自存的 하나님이시기 때문이다. 영원한 아들은 하나님이셨다. 그러므로 모든 곳에 있는 모든 것들은 원래부터, 언제나 그분의 것이었다.

하나님의 마스터플랜

하나님은 광대한 피조세계에서 놀랍고 멋진 일들을 행하려는 계획을 갖고 계신다. 바울은 에베소서에서 속량 받은 자들의 미래를 살짝 보여준다.

"그 뜻의 비밀을 우리에게 알리신 것이요 그의 기뻐하심을 따라 그리스도 안에서 때가 찬 경륜을 위하여 예정하신 것이니 하늘에 있는 것이나 땅에 있는 것이 다 그리스도 안에서 통일되게 하려 하심이라" 엡 1:9,10.

바울은 집을 지으려는 사람이 그가 구상한 건축에 필요한 재료들을 모으듯이 하나님이 만유를 모으실 것이라고 증언한다. 그렇다면 그분은 어떤 방법을 통해서 그렇게 하실 것인가? "하늘에 있는 것이나 땅에 있는 것이 다 그리스도 안에서 통일되게" 엡 1:10 하심으로써 그렇게 하실 것이다!

성경을 주의 깊게 읽어보라. 그러면 하나님이 그분의 피조세계의 본질적 통일성을 증명하실 위대한 날이 도래할 것임을 알게 될 것이다. 그 아름답고 놀라운 통일성은 주 예수 그리스도 안에서 성취될 것이다. 하나님은 만유가 그리스도에게서 형상을 취했다는 것을, 만유가 그분의 말씀의 능력에 의해 의미를 얻게 되었다는 것을, 그리고 만유가 그분을 통해 자기의 자리와 질서를 유지해왔음을 분명히 보여주실 것이다.

예수 그리스도는 창조의 하나님이시다.
예수 그리스도는 속량의 하나님이시다.
예수 그리스도는 완성과 조화의 하나님이시다.
예수 그리스도는 그분의 기쁘신 계획에 따라
만유를 통일하신다.

우리는 아직 다 보지 못했다

이처럼 장차 임할 최종 완성에 대해 이야기하지만, 이 땅에 매여 있는 피조물들에게는 아직 그 영광의 미래가 보이지 않는다. 우리가 가진 인간적 한계 때문이다.

신앙적인 부분에도 역시 인간적 한계가 있다. 이런 우리가 하늘에 계신 지극히 크신 이의 우편에, 영광 가운데에 앉아 계신 그리스도의 모습이 어떨 지를 상상하는 것은 사실 어려운 일이다. 우리는 기껏해야 거울로 보는 것같이 희미하게 볼 수 있을 뿐이다 고전 13:12. 심지어 어떤 것들에 대해서는 완전히 암흑 속에 갇혀 있다.

우리가 우리 주변의 일들에서 하나님의 손길을 항상 볼 수 있는 것은 아니다. 이 땅에서 우리는 하나님의 영원하고 커다란 계획에서 미완未完의 부분들만 볼 뿐이다. 우리는 "구름같이 둘러싼 허다한 증인들" 히 12:1 속에서 천사의 무리를 보지 못한다. "온전하게 된 의인의 영들" 히 12:23도 우리의 눈에는 보이지 않는다. 우주의 도처에서 줄을 서서 손짓하는 '통치자들'이나 빛을 발하며 줄을 선 '권세들' 엡 3:10도 우리의 눈에는 보이지 않는다. 장차 하늘에 계신 신랑의 팔에 기대어 큰 기쁨 중에 아버지 앞으로 인도될 때에 누릴 영광이 어떤 것인지 이해할 수 없다. 이 모두는 현재의 우리가 불완전한 상태에 있기 때문이다.

우리는 신앙으로 살려고 최선을 다하지만 미래의 최종 완성이 우리의 눈에는 희미하고 불완전하게 보일 뿐이다. 히브리서 기자는 우리가 믿음으로 살도록 돕고자 애쓴다. 그렇게 하기 위해 그는 주 예수 그리스도께서 하나님의 피조세계의 모든 것을 상속하는 분이시라는 놀라운 사실을 선언한다.

그리스도께서 만유의 상속자가 되신다는 개념은 하나님이 만드신 광대한 우주의 모든 것과 관련 있다. 모든 것은 신성의 옷이 되기 위하여, 즉 세상을 향한 하나님의 살아 있는 우주적 표현이 되기 위하여 창조되고 배치되었고, 질서 가운데 유지되어 왔다.

하나님이 영원한 아들 예수님을 만유의 상속자로 세우셨다고 할 때 그 만유는 어떤 만유인가? 그것은 장차 최종적으로 완전해진 하나님의 피조세계 전체를 의미한다. 하나님의 창조 계획 중 우연에 의존하도록 남겨진 부분이 있다는 것은 상상도 할 수 없는 일이다. 그분은 그 어느 것도 우연에 맡겨 두시지 않는다. 이 땅에 있는 가장 작은 풀잎부터 저 멀리에 있는 가장 큰 은하계에 이르기까지 모든 것이 그분의 계획에 따라 만들어진다.

만유 안에 포함된 것

예수님을 가리켜 '만유의 상속자'라고 할 때 그 만유에는 무엇이 포함되어 있는가? 모든 세대의 속량 받은 사람들, 천사, 스랍들뿐 아니라 물질, 정신, 법, 영, 가치, 의미 등이 포함되며, 다양한 존재의 삶과 사건들이 포함된다. 또한 그보다 더 많은 것들도 포함된다. 하나님의 큰 관심의 영역에는 모든 것들이 다 포함된다!

하나님의 우주적 목적이 이제는 이해가 되는가? 하나님의 목적은 '하나 되게 하는 것', 즉 모든 이성적 존재들이 그분의 다양한 피조세계의 모든 부분들과 하나 되도록 하는 것이다. 다시 말하지만 나는 하나님의 모든 피조물의 본질적 통일성을 믿는다. 그렇기 때문에 나는 "피조세계의 각 부분이 자신이 다른 모든 부분들과 본질적으로 하나라고 인정하는 날이 올 것이다"라고 말하지 않을 수 없다. 바로 그날을 향해 피조세계 전체가 나아가고 있다.

내가 이런 개념을 〈얼라이언스 라이프〉Alliance Life, 토저가 속했던 교단인 기독교선교연합의 기관 잡지의 사설에서 언급하자 곧바로 나를 범신론자라고 비난하는 독자가 있었다. 그러나 나는 범신론자가 아니다. 하나님의 피조세계의 본질적 통일성은 범신론이 아니다. 범신론은 하나님이 만유이고 만유가 하나님이라고 가르친다. 범신론에 따르면 만유를 알면 하나님을 알게 되고, 만유를 품 안에 품으면 하나님을 품는 것이 된다. 이처럼 만유가 하나님이라고 주장하고 가르치는 범신론은 황당하기 짝이 없는 사상이다.

하나님은 그분의 우주에 내재內在하신다. 그러나 그것이 전부가 아니다. 왜냐하면 하나님은 그분의 우주를 초월하시며, 그분과 우주 사이에는 무한한 거리가 존재하기 때문이다. 그분은 그 모든 것을 만드신 창조주 하나님이시다.

믿음의 조상들이 믿었던 것

이런 근원적 개념, 즉 하나님이 만드신 것들 속에서 피조세계와 그분의 통일성의 신비가 영원히 드러난다는 개념은 새로운 것이 아니다. 이 땅에 살았던 그리스도인들은 이 사실을 믿었다. 제임스 몽고메리James Montgomery, 1771~1854. 영국 스코틀랜드 출신의 찬송시 작가는 탁월한 저자 중 한 명이었다. 그는 하나님의 피조세계에서 느낀 통일성을 이런 아름다운 시로 표현했다.

주변의 영광스런 우주,
온갖 것들로 풍성한 저 높은 하늘,
그리고 해와 달과 별들이
하나의 신비로운 사슬에 단단히 묶여 있도다.

땅과 바다와 하늘이

하나의 세상을 만들기로 뜻을 모았고,

거기서 걷거나 날거나 헤엄치는 모든 것들이

한 가족을 이루도다.

하나님께서 피조세계 안에서

그분의 지혜와 그분의 능력을 나타내시지 않을 수 없으니,

그분이 이루신 모든 것들이

그분의 모든 길들과 조화를 이루어 연합하도다.

몽고메리가 사용한 '조화를 이루어'라는 표현이 우리의 눈길을 끈다. 이 표현은 죄가 하나님의 우주에서 제거될 때 모든 피조물이 서로 온전히 화합할 것임을 분명히 말해준다. 장차 우주적, 보편적 조화가 있을 것이다.

우리는 우주가 불협화음을 내고 있다는 것을 너무 잘 알고 있다. 죄가 내는 소리, 귀에 거슬리는 요란한 소리가 사방에서 들린다. 그러나 장차 그날이 이르면 죄는 제거될 것이고, 걷는 것들과 살금살금 움직이는 것들, 기어다니는 것들, 헤엄치는 것들, 날아다니는 것들이 모두 한 가족을 이룰 것이다.

교회도 역시 하나가 될 것이다

나는 여기에 한 가지 더, 즉 그날에 예수 그리스도 안에서 만들어질 그리스도인들의 공동체에 대해 이야기하고자 한다.

만일 내가 당신에게 "성도의 교제를 믿습니까?"라고 묻는다면 당신은 무엇이라고 대답하겠는가? 이런 질문을 받는다면 마음이 불편해지겠는가?

많은 개신교 신자들이 나를 "당신은 세계교회주의자들 ecumenist이나 가톨릭 신자들이 믿는 교리에 너무 가까이 가는 것 같습니다"라고 비난할지도 모르겠다. 그러나 나는 세계교회주의를 주장하는 것도 아니고 세계교회의 통합을 꿈꾸는 것도 아니다. 다만 피조세계에 죄가 더 이상 존재하지 않게 될 때 도래할 하나님의 승리와 조화와 연합의 날을 고대할 뿐이다. 그 위대한 최종 완성의 날이 이르면 하나님의 자녀들, 즉 믿음의 가족은 성령 안에서 복된 교제를 누리게 될 것이다.

하나님의 백성이 누리게 될 교제의 날을 미리 본 영국 잉글랜드의 시인 존 브라이튼 John Brighton의 시가 내 마음을 완전히 사로잡는다.

영원한 한 사랑의 띠 안에서
하나의 마음의 교제 안에서
아래의 성도들과 위의 성도들이
그들의 천국의 기쁨과 영광을 누리도다.

이 시에 담긴 사상은 성경적이다. '성도의 교제'는 세계교회주의자들이 믿는 것이니 우리는 무조건 거부해야 한다는 생각은 잘못된 것이다.

미래의 언젠가 우리는 알게 될 것이다

그리스도 안에서 만유가 통일된다는 사상은 모든 성도들이 믿어야 할 사상이다. 그리스도의 승리의 날을 보게 될 때, 즉 그분이 다시 오시고 우리가 만유의 최종 완성을 보게 될 때 우리는 왜 하나님의 영원한 계획 안에 만유가 필요한지를 완전히 이해하게 될 것이다.

내 자신이 하찮고 무익한 존재라는 느낌이 깊어질 때 그것에서 벗어나려고 온 힘을 다해 싸우고 있는 사람들이 많다. 이런 사람들이 사람을 통해서 문제의 해결을 구하려 한다면 헛수고가 될 것이다. 하나님은 우리 각자가 모든 세대를 위한 하나님의 큰 계획에 반드시 필요한 존재라고 말씀하신다.

하나님의 위대한 교향곡이 완성되려면 한 부분도 빠짐없이 모든 부분이 필요하다. 그분은 우리 각자가 모두 그분의 큰 주선율主旋律에 반드시 필요한 존재라는 것을 우리에게 분명히 가르쳐주기를 원하신다. 그분의 말씀을 붙들라. 하나님과 그분의 말씀에서 답을 구하라. 그분은 주권적 하나님으로서 지금도 세상을 경영하고 계신다.

Chapter 7 | Jesus, Lord of the Angels
천사들의 주(主)이신
예수 그리스도

천사들보다 우월하신 그리스도

개신교는 주님의 천군을 이루는 여러 천사들과 천상의 존재들을 논하는 데 열정을 보이지 않는다. 오히려 눈에 보이지 않는 그들에 대해 논하는 것을 꺼린다. 그러다보니 천사들, 즉 하나님이 하늘에서 보내시는 사자使者들에 대한 견해 중에서 어떤 것을 믿어야 좋을지 모르는 그리스도인들이 많은 것 같다. 요컨대 우리는 천사들에 대한 성경의 교훈에 무지하고 그것을 소홀히 하는 슬픈 상태에 빠져 있다.

개인적으로 나는 천사들에 대해 냉소적으로 말하거나 농담하는 것을 좋아하지 않는다. 만일 어떤 설교자가 "내 수호 천사는 오늘 고속도로를 질주하는 나를 따라오느라고 진땀을 흘려야 했습니다"라고 말했다면 나는 그를 무지한 사람이라고 여겼을 것이다. 설교자가 하나님의 천사에 대해 이런 이야기밖에 하지 못한다면 그는 성경을 다시 공부해야 한다.

영원한 아들이신 예수 그리스도의 역동적이고 생생한 모습을 보여준 히브리서 기자는 그 글을 읽을 사람들이 구약을 통해 천사에 대한 개념과 그들의 역할에 대한 지식이 있다는 것을 잘 알고 있었다. 그래서 승리하신 그리스도의 무한한 우월성을 그들에게 이해시키기 위해 천사와 비교하는 방법을 사용했다.

"또 그가 맏아들을 이끌어 세상에 다시 들어오게 하실 때에 하나님의 모든 천사들은 그에게 경배할지어다 말씀하시며 또 천사들에 관하여는 그는 그의 천사들을 바람으로, 그의 사역자들을 불꽃으로 삼으시느니라 하셨으되 아들에 관하여는 하나님이여 주의 보좌는 영영하며 주의 나라의 규는 공평한 규이니이다 … 주를 동류들보다 뛰어나게 하셨도다 하였고" 히 1:6-9.

이 구절을 이해하기 위해서는 유대인들이 천사들의 역할을 잘 알고 있었을 뿐 아니라 존경하기까지 했다는 사실을 기억해야 한다. 히브리서 기자는 그 천사들, 즉 하나님나라에서 가장 빛나는 천사들과 비교할 수 없을 정도로 예수 그리스도께서 뛰어나시다는 것을 유대인들에게 강조한다. 그리스도에 대해 사용된 "이는 하나님의 영광의 광채시요 그 본체의 형상이시라"히 1:3라는 말은 피조물인 천사에게는 사용된 적이 없다는 사실을 기억하라.

독자들에게는 주어진 격려의 서신

초대교회 당시 히브리서 기자는, 예수 그리스도께서 메시아의 자격이 있으신 분이란 것을 박해받던 유대 그리스도인들에게 납득시키고자 했다. 그들을 안심시켰던 히브리서 기자의 말은 하나님의 영원한 아들이 아브라함과 모세와 아론, 구약시대의 제사장들보다 무한히 뛰어나시다는 것을 우리에게 확신시켜준다. 히브리서에 담긴 계시는 20세기 교회에 속한 우리에게도 하나님의 권세와 뜻이 어떤 것인지를 잘 전해준다.

그런데 여기서 우리가 한 가지 간과한 부분이 있다. 우리는 성경을 연구할 때 많은 부분에서 일방적인 성격을 벗어나지 못한다. 또 성경을 읽을 때도 자신이 읽고 싶은 부분을 골라서 읽는다. 별로 관심이 가지 않는 부분은 소홀히 하는 것이다. 당신은 어떠한가?

가톨릭에서는 찬송가나 교리를 통해 거룩한 천사들을 상당히 존중해왔다. 하지만 개신교 신자들은 그들과 정반대 방향으로 나아갔다. 천사들에 대해 아무 말도 하지 않기로 결심한 사람들처럼 말이다.

구약시대에, 또 초기 기독교 시대에는 천군과 그들의 출현에 관심을 갖는 성직자들과 학자들이 있었다. 사도 바울도 골로새교회 신자들에게 눈에 보이는 세계와 눈에 보이지 않는 세계에 대해 말하면서 "왕권들이나 주권들이나 통치자들이나 권세들"골 1:16을 언급했다. 그리고 이는 때로 천상의 존재들의 계급이나 지위 그리고 그들의 권세와 능력을 가리키는 것으로 해석되어 왔다.

바울이 "주께서 호령과 천사장의 소리와 하나님의 나팔 소리로 친히 하늘로부터 강림하시리니"살전 4:16라고 말했을 때 그는 하늘에 천사장들이 있다는 사실을 인정한 것이다. 유대인들은 하나님을 믿었기에 히브리 기자는 두 세계, 즉 '보이는 세계'와 '보이지 않는 세계'를 정확히 반영했다.

과학은 측정 가능한 증거를 요구한다

우리는 새 시대, 즉 과학의 시대를 살아가고 있다. 우리는 더 이상 하나님이 그분의 피조세계에서 행하고 계신 일들을 보며 놀라지도, 진가를 깨닫지도 못하며 살아간다. 우리는 하나님의 세계를 마땅히 보아야 함에도 불구하고 복잡한 공학과 기술적 진보 속에서 살아가기 때문에 그렇게 하지 못하고 있다.

그러나 하나님을 믿고 또 인류를 향한 그분의 계획을 믿는 우리는 유행하는 철학에 굴복해서는 안 된다. 하나님은 우리에게 "전능하신 하나님이 세상을 만드셨다"라는 메시지를 주셨다. 이것이 우리가 이 시대에 선포해야 할 메시지이다. 이 메시지 위에, 또 이 메시지 안에 신성의 도장이 찍혀 있다.

건축가는 그가 설계한 멋진 건물들에 자신의 인印을 새긴다. 탁월한 미술가는 자신의 작품에 그의 흔적과 개성을 남긴다. 이런 원리는 하나님이 지으신 보이는 세계와 보이지 않는 세계에도 적용된다. 우리는 그것들을 '두 세계'라고 부른다. 하지만 두 세계는 사실상 하나일 것이다. 어쨌든 분명한 것은 설계자와 창조자이신 하나님의 인이 두 세계들에 찍혀 있다는 것이다. 그분의 흔적과 개성이 성경의 이곳저곳에 찍혀 있듯이 말이다.

하나님은 우리에게 그분의 보이지 않는 세계와 나라에 대해 많은 것을 말씀해주셨다. 그러면서 그분의 뜻을 행하는 천상의 존재들에 대해서도 많은 것을 계시해주셨다.

천사들은 초월적 존재들의 무리이다. 성경에 따르면 그들은 거룩한 존재이며 또 무성無性의 존재이다. 예수님은 지상 사역 중 부활과 장래의 나라에 대해 언급하시면서 우리가 천상에서는 '천사들처럼' 특정한 성을 갖지 않게 될 것이라고 말씀하셨다 막 12:25.

하지만 우리가 내세에서 천사가 되는 것은 아니다. 하나님은 우리가 다른 종種으로 바뀌는 것이 아님을 분명히 말씀해 주셨다. 우리는 속량 받은 '인간'이다. 우리는 그 존재로서 부활하여 영화롭게 될 날을 믿음으로 고대한다. 천사와 인간은 다른 존재이다 히 2:16.

천사들과 크리스마스

나는 크리스마스 이야기 때문에 사람들이 천사들에 대해 잘 알게 된 것이 아닌가 생각한다. 천사들은 예수님의 탄생을 예고했다. 성경에는 "홀연히 수많은 천군이 그 천사들과 함께 하나님을 찬송하여 이르되"눅 2:13라는 기록이 나온다. 그러나 천사에 대한 언급은 그 외에도 여러 곳에서 발견된다.

예수님은 "너는 내가 내 아버지께 구하여 지금 열두 군단 더 되는 천사를 보내시게 할 수 없는 줄로 아느냐"마 26:53라고 말씀하실 때 '천사들의 군단'에 대해 언급하셨다. 히브리서 기자는 "천만 천사"히 12:22라는 표현을 사용함으로써 그들의 수가 지극히 많음을 암시한다. 다윗은 시편에서 "하나님의 병거는 천천이요 만만이라"시 68:17라고 말한다. 하지만 하나님이 왜 천군을 그토록 많이 만드셨는지에 대해서는 아무도 알 수 없다.

구약에서 우리는 천사들이 하나님의 천지창조 때에 어떤 역할을 한 것 같은 인상을 받는다. 하나님은 욥에게 말씀하실 때 모퉁잇돌을 놓을 때 천사들이 다 기뻐 소리를 질렀다고 말씀하셨다.욥 38:7. 시내 산에서 율법을 주실 때도 천사들이 모종의 역할을 했다. 사도 바울은 "율법은 … 천사들을 통하여 한 중보자의 손으로 베푸신 것인데"갈 3:19라고 언급했다.

가브리엘이라는 이름의 천사는 동정녀 마리아에게 나타나 "네가 잉태하여 아들을 낳으리니 그 이름을 예수라 하라"눅 1:31라고 말했다.

가난한 거지 나사로에 대해 언급하실 때 예수님은 "그 거지가 죽어 천사들에게 받들려 아브라함의 품에 들어가고"눅 16:22라고 말씀하셨다. 예수님의 이 말씀을 읽으면서 나는 국가적 영웅들을 환영하는 퍼레이드가 펼쳐질 때 수많은 사람들이 빌딩 창문에 매달려 색종이 테이프를 공중으로 수없이 뿌려대는 모습을 상상했다. 그 의로운 거지는 천사들이 이끄는 행렬에서 그들의 인도를 받아 천국 안으로 들어갔다.

나는 하나님의 천사들이 의인들을 지키는 일에 큰 역할을 한다고 확신한다. 예수님은 어린아이들에 대해 "(어린아이들의) 천사들이 하늘에서 하늘에 계신 내 아버지의 얼굴을 항상 뵈옵느니라"마 18:10라고 말씀하셨다.

예수님이 천사들에 대해 언급하신 말씀들 중 우리, 즉 타락한 인류에 속한 우리에게 가장 의미심장한 말씀은 "죄인 한 사람이 회개하면 하나님의 사자들 앞에 기쁨이 되느니라" 눅 15:10라는 말씀이다.

예수님이 겟세마네 동산에서 기도하신 기록을 읽으면 그분의 고통과 마음의 부담을 예리하게 느끼게 된다. 그분은 다가오는 배신의 그림자와 십자가의 고통을 예상하시며 지칠 때까지 기도하셨는데 그때 "천사가 하늘로부터 예수께 나타나 힘을 더하더라"눅 22:43라고 하셨다.

예수님의 부활 사건에서는 더 많은 천사들이 등장한다. 천사가 그분의 무덤 입구의 돌을 굴렸다. 고통 중에 있던 제자들에게 그분이 부활하셨다는 기쁜 소식을 전한 것도 천사들이었다.

천사들의 존재와 활동을 믿지 않겠다고 결심한 사람들은 그렇게 할 수 있을 것이다. 그러나 그렇게 하는 것은 성경의 명백한 교훈을 부정하는 것이다.

어떤 사람들은 천사들에 대해 얘기하는 것 자체를 거부하면서 "실제적인 얘기를 좀 합시다"라고 말한다. 그들의 말 속에는 "우리가 지각할 수 있는 3차원적인 것들에 대해서만 얘기합시다"라는 뜻이 담겨 있다.

그러나 우리가 잘 알지 못하기에 의문을 가지고 있는 부분들이 완전히 해소될 날이 장차 도래할 것이다. 그날이 오면 천상의 존재들과 그들이 행했던 일들이 정말로 실제적이라는 사실이 분명하게 밝혀질 것이다.

나는 천사를 본 적이 없다

이렇게 말하는 나는 과연 천상의 존재들을 얼마나 체험했는지 궁금해 할지도 모르겠다. 하지만 나는 천사를 본 적이 없다. 또한 나는 내가 환상을 보는 사람이라고 주장한 적도 없다. 나는 이제까지 하나님이 무엇을 행하시는지, 또 그분이 이루겠다고 약속하신 바가 무엇인지 알기 위해 기도하고 연구하며 성경을 읽었다.

나는 지금 하나님의 천사들이 그들의 특별한 사역을 감당하느라고 매우 바쁘다는 성경의 교훈을 전하는 일을 하고 있다. 이런 교훈들은 성경에서 이끌어낸 것이지 나의 개인적인 체험에서 이끌어낸 것이 아니다.

성경은 천사들과 접촉하기 위한 노력에 시간을 투자하라고 가르치지 않는다. 천사들이 존재하며 바쁘게 활동한다고 가르칠 뿐이다. 살펴본 바와 같이 그들의 활동은 성경에서 자주 언급된다. 어떤 사람들은 그런 언급들을 무시하고 건너뛰지만 나는 그렇게 하지 않았다.

우리는 우리를 돌보시는 하나님의 섭리에 대해 이야기하지만 때로는 우리가 무엇을 말하는지, 무엇을 의미하는지도 모른 채 그런 이야기들을 할 때가 있다. 어떤 그리스도인들은 똑같은 시간과 장소에서 두 가지 중요한 일이 일어나는 것 같은 절묘한 '우연의 일치'가 그들의 생활 속에서 일어났다고 말한다.

수백 년 전 토마스 아퀴나스는 "하나님의 천사들이 하는 일은 심지어 세속적인 일에서도 하나님의 섭리의 계획을 실행하는 것이다"라고 말했다. 존 칼빈도 "천사들은 하나님의 은혜와 도움을 우리에게 전달하고 나누어주는 일을 한다"라고 말했다.

하나님은 그분을 믿는 자녀들을 위한 계획을 이루기 위해 그분만의 방법과 수단을 갖고 계신다. 우리는 하나님께 "하나님, 하나님의 섭리와 인도의 규칙들의 목록을 우리에게 주십시오"라고 요청해서는 안 된다. 우리가 성령을 의지하며 그분 안에서 살고 그분 안에서 행한다면 우리는 하나님이 언제나 우리 편이시라는 것을 깨닫게 된다.

변장한 천사들

나는 젊은 시절 주님을 만난 이후 교회에 출석하기 시작했다. 하지만 그때 출석했던 교회는 내게 영적으로 큰 도움을 주지 못했다. 솔직히 말하면 그 교회는 오히려 신앙의 침체에 빠지기 쉬운 환경이었다.

한번은 주일 아침에 일어났을 때 기분이 별로 좋지 않아서 속으로 '오늘은 교회에 가지 않겠어'라고 결정한 적이 있다. 그러고는 산책을 나갔다. 나는 골프를 치러 가거나 하진 않았지만 그렇다고 아름다운 자연 속에서 주님을 경배하지도 않았다. 그 주일 아침에 나는 잘못된 방향으로 가고 있었다. 내 신앙은 침체에 빠져들고 있었던 것이다.

나는 풀이 무성한 들판을 통과하려고 곁길로 들어섰다. 무심히 걷던 내 발에 무언가가 걸렸다. 허리를 숙여 그것을 집어 보니 붉은색 표지의 낡은 책이었다. 비에 젖었다가 마르고 또 젖었다가 다시 마르는 과정을 오랜 세월 반복한 책처럼 보였다. 오래된 문학책이나 누군가 읽다 던져버린 싸구려 소설책도 아니었다. 그 책은 성경에 관한 수많은 의문에 대한 답을 담은 소책자였다.

나는 그 책을 펴보았다. 성경의 교훈을 다룬 몇 페이지를 훑어보던 나는 그날 아침에 다른 성도들과 함께 교회에 있어야 한다는 것을 강하게 느꼈다. 나는 그 책을 땅바닥에 던지고 집을 향해 걷기 시작했다. 그때 내 머릿속에 '교회에 갈 수 없었던 낙심한 젊은 그리스도인이 가는 길에 누가 이 책을 두었을까?' 하는 의문이 떠올랐다.

물론 나는 천사나 하늘에서 내려온 어떤 존재가 바로 그 자리에 그 책을 놓아두었다고 말하는 것이 아니다. 분명히 그 들판을 지나가던 어떤 사람이 그것을 거기에 떨어뜨렸을 것이다. 하지만 하나님의 섭리 가운데 그 책은 내 삶을 향한 그분의 선하심과 성실하심을 상기시키기 위한 목적으로 그날 거기에 있었던 것이다.

내가 아직도 기억하고 있는 또 다른 체험이 있다. 그리스도인이 된 지 얼마 되지 않아 여전히 안정을 찾지 못한 젊은 시절의 일이다. 당시 나는 떠돌이 생활을 하고 있었다. 집에서 떠나 있었고, 교회에서 떠나 있었으며, 옳은 길에서 떠나 있었다. 돈이 별로 없던 나는 주말이면 지붕이 있는 화물열차에 몰래 무임승차해서 시간을 보내곤 했다.

주님은 그런 내게 교훈을 주시기 위해 어떤 주일을 선택하셨다. 그 일이 어느 도시에서 일어났었는지 지금은 기억나지 않는다. 분명한 것은 하나님이 그 일을 허락하셨다는 것이다.

내가 탄 화물열차가 속도를 줄이더니 멈추었다. 문득 화물칸 앞쪽을 바라보니 교회가 하나 보였고, 열차가 멈추자마자 교회에서 종이 울렸다. 나는 그토록 크고 고집스럽게 울려 퍼지는 종소리를 그전에도 듣지 못했고, 그 후에도 듣지 못했다.

이제까지 살면서 수많은 설교를 들었지만, 그 어떤 설교자도 그날 아침의 종소리만큼 강력하게 내 양심을 뒤흔들지는 못했다. 그 교회가 감리교였는지 장로교였는지 아니면 성공회였는지 나는 모른다. 중요한 것은 그 종소리가 내게 중요한 것을 가르쳐주었다는 것이다. 그것은 화물열차는 내가 앉아 있을 곳이 아니라는 사실이었다. 나는 원래 내가 속했던 곳에 있어야 했다! 그 일을 계기로 나는 원래의 자리로 돌아왔으며, 영적으로도 회복되었다.

바로 그 날, 그 시간, 그 장소에서 그런 일이 일어났다. 만일 내가 그때 열차의 기관사에게 가서 "당신은 혹시 천사가 아닙니까?"라고 물었다면, 그는 얼굴에 황당한 듯한 미소를 띠고는 침을 창밖으로 뱉으며 "내가 아는 한 나는 천사가 아닙니다"라고 대답했을 것이다.

하지만 내가 확신하는 것이 한 가지가 있다. 기관사가 브레이크를 밟았을 때 교회의 종소리가 내게 "젊은이여, 돌아가라! 젊은이여, 돌아가라!"라고 소리친 것은 하나님의 섭리로 인한 것이었다.

하나님은 우리를 잘 알고 계신다

내 이야기의 요점은 하나님이 우리를 매우 잘 아시기 때문에 가장 정확한 때 꼭 필요한 사건들을 우리에게 일으키신다는 것이다. 우리는 스스로 모든 것을 계획하고 실행했다고 생각한다. 우리는 모든 것이 그분의 계획이었고, 그분이 우리보다 먼저 가셔서 준비하셨다는 것을 깨닫지 못한다.

조금 전에 언급한 사건이 일어난 지 몇 년 후 성경을 읽는데 "주께서 나를 구원하라 명령하셨으니"시 71:3라는 말씀이 처음으로 내 눈에 확 들어왔다. 그 후 이 말씀이 생각날 때마다 나는 늘 마음에 위로를 받았다. 하나님은 나를 구원하시기 위해 온 땅에 그분의 말씀을 보내는 일을 해오셨다.

당신이 나를 비판하고자 한다면 비판할 수 있다. 바로 이 구절을 가지고 비판할 수도 있고 심지어는 이 구절에 대한 신학적 문제를 제기할 수도 있다. 하지만 분명한 것은 하나님이 명령하셨고, 말씀을 주셨으며, 그 말씀이 바로 나를 위한 말씀이라는 것이다!

하나님은 펜실베이니아 서부 지역의 한적한 시골 마을에 살고 있던 외롭고 길 잃은 젊은 나를 보시고 명령을 내리셨다. 하나님의 명령은 그분의 온 피조세계로 퍼져나갔다. 확신하건대 그때 하늘의 모든 천사들이 그분의 명령을 들었을 것이다. 나는 하나님의 아들을 믿었고, 구원을 얻기 위해 그분께 나를 맡겼다.

하나님과 그분의 말씀이 내 편에 서 계신다. 그분의 살아 있는 말씀 때문에 하나님은 나를 용서하시고, 나를 깨끗케 하셨으며, 나와 관계된 것들을 완전케 하시고, 영원한 길에서 나를 지키는 책임을 떠맡으셨다.

우리는 그분의 피조물들로 충만한 세상에 살고 있다. 하지만 그중 많은 것들은 눈에 보이지 않는다. 우리는 천사들로 인해, 또 그분의 섭리가 만들어내는 환경으로 인해 날마다 그분께 감사해야 한다. 오래전에 한 성도가 남긴 멋진 말이 생각난다.

"하나님의 섭리에 감사할 마음만 있다면 그런 섭리는 언제 어디서나 발견된다."

Chapter 8 | Jesus, Standard of Righteousness
의(義)의 기준이신
예수 그리스도

우리의 책임과 의무

1세기 초대교회 성도들에게 주어진 메시지는 정확하고 직선적이었다. 예수 그리스도를 모범으로 삼아 의義를 사랑하고 불의不義를 미워하라는 것이었다. 지금 우리에게 주어진 영적 책임과 의무도 그들의 것과 다르지 않다. 영원한 아들이신 예수 그리스도의 성품과 속성들도 변하지 않았고, 앞으로도 변하지 않을 것이기 때문이다.

"아들에 관하여는 하나님이여 주의 보좌는 영영하며 주의 나라의 규는 공평한 규이니이다 주께서 의를 사랑하시고 불법을 미워하셨으니 그러므로 하나님 곧 주의 하나님이 즐거움의 기름을 주께 부어 주를 동류들보다 뛰어나게 하셨도다 하였고"히 1:8,9.

인간적 핑계는 통하지 않는다

흔히 사람들은 "의와 불의의 문제는 신적 존재들이나 감당할 수 있는 것이지 우리 같은 인간이 어떻게 감당하겠느냐?"라고 말하는 경향이 있다(그들이 생각하는 신적 존재들은 서로 각각 다르다). 하지만 그리스도인들은 그렇게 말해서는 안 된다. 주님은 그분의 죽음과 부활이 있기 전에 우리에게 다음과 같은 약속을 주셨다. 이 약속 때문에 우리는 핑계 댈 수 없고 책임을 져야 한다.

"그러나 진리의 성령이 오시면 그가 너희를 모든 진리 가운데로 인도하시리니 그가 스스로 말하지 않고 오직 들은 것을 말하며 장래 일을 너희에게 알리시리라 그가 내 영광을 나타내리니 내 것을 가지고 너희에게 알리시겠음이라 무릇 아버지께 있는 것은 다 내 것이라 그러므로 내가 말하기를 그가 내 것을 가지고 너희에게 알리시리라 하였노라"요 16:13-15.

물론 우리가 하나님은 아니다. 하나님이 행하실 일들을 우리 힘으로 이룰 수는 없다. 하지만 그분이 우리를 인간으로 창조하셨기 때문에 성령의 기름부음과 임재가 우리 삶 가운데 있다면 우리는 예수 그리스도께서 이 땅에서 행하셨던 것을 행할 수 있다.

나는 지금 내가 확신하는 것을 말하고 있다. 그러므로 책을 덮어버리지 말고 제발 내 말을 끝까지 들어보라. 나는 예수님이 이 땅에 계실 때 그분의 신성神性의 능력으로 능력을 베푸신 것이 아니라고 확신한다. 그분은 성령의 기름부음을 받은 인성人性의 능력과 권세로 행하셨다.

만일 예수님이 이 땅에서 신성의 능력으로 그분의 사역을 감당하셨다면 사람들은 그분이 행하신 것을 당연한 것으로 여겼을 것이다. 하나님은 원하시는 것이 무엇이든지 행하실 수 있는 분이기 때문이다. 그러나 그분은 신성을 잠시 베일로 덮으시고 인간으로서 일하셨다.

여기서 우리가 주목할 것은 예수님이 성령의 기름부음을 받으신 후에야 비로소 그분의 사역, 즉 권세와 능력의 일을 시작하셨다는 점이다.

이런 내 논리에 반박하고 싶어 하는 학자들과 신학자들이 있다는 것을 잘 안다. 그럼에도 불구하고 나는 내 주장이 옳다고 믿는다. 성령의 기름부음을 받은 인성의 능력으로 그분은 파도를 잔잔하게 하시고, 바람을 잦아들게 하셨으며, 병자들을 고치시고, 소경들의 눈을 뜨게 하시고, 귀신들을 완전히 제압하시고, 죽은 자들을 살리셨다. 그분이 마음에 감동을 받아 사람들에게 행하신 모든 기적들은 하나님으로서 행하신 것이 아니라(만일 그랬다면 그것은 기적이 아닐 것이다) 성령의 기름부음을 받은 인간으로서 행하신 것이다. 이것은 정말로 우리가 주목할 만한 사실이다!

그렇기 때문에 예수 그리스도는 우리의 인간적 핑계들을 사전에 영원히 차단하셨다. 그분은 우리 중 누구라도 얻을 수 있는 능력, 즉 성령의 능력에만 의존하여 일하셨다. 베드로가 고넬료와 그의 이방인 가정에 전한 메시지를 나와 함께 읽어보자.

"하나님이 나사렛 예수에게 성령과 능력을 기름붓듯 하셨으매 그가 두루 다니시며 선한 일을 행하시고 마귀에 눌린 모든 사람을 고치셨으니 이는 하나님이 함께하셨음이라" 행 10:38.

히브리서에 의하면, 하나님께서 예수님께 주신 기름부음은 그분을 '동류들보다 뛰어나게 하는 기름부음'이었다 히 1:9. 이는 하나님께서 그분에게 이런 기름부음을 주기로 결정하셨기 때문이 아니라 예수님이 그것을 적극적으로 원하셨기 때문이다.

기름부음은 무엇을 의미했는가?

레위인들이 담당했던 제사장직을 살펴볼 때, 구약시대에는 특별히 준비된 거룩한 기름을 붓는 의식儀式이 있었음을 알 수 있다. 그 기름을 만들기 위해 사람들은 몇 가지 식물을 기름에 넣어 향기로운 냄새가 나도록 했다. 그것은 독특한 기름으로 특별한 사역을 감당할 사람들에게 기름을 부을 때에만 사용되었다.

그 특별한 사역은 왕의 사역, 선지자의 사역, 그리고 이미 언급한 제사장의 사역이다. 그것은 죄에 빠진 육신적인 사람을 위한 것이 아니었다. 이는 신약시대의 성령의 기름부음을 상징하는 생생한 예표였다.

아론은 첫 번째 대제사장으로 성별聖別되었다. 이와 관련해 "모세가 관유와 제단 위의 피를 가져다가 아론과 그의 옷과 그의 아들들과 그의 아들들의 옷에 뿌려서 아론과 그의 옷과 그의 아들들과 그의 아들들의 옷을 거룩하게 하고" 레 8:30 라는 기록이 나오는데, 여기서 관유와 제단 위의 피가 함께 언급되는 것을 본다.

관유의 향기는 독특한 것이었다. 아마도 제사장에게 가까이 가는 사람들은 그에게서 거룩한 기름의 향기를 맡을 수 있었을 것이다. 그렇기 때문에 제사장이 기름부음을 받았다는 사실을 누구라도 알 수 있었다.

신약시대에 성령께서 오셨을 때 그분의 임재는 거룩한 기름부음에서 발견될 수 있는 모든 아름다운 향기들을 발했다. 그래서 성도들이 기름부음을 받으면 그것은 쉽게 드러났다. 사도행전의 몇몇 구절들을 읽어보자.

"그들이 다 성령의 충만함을 받고"행 2:4.

"무리가 다 성령이 충만하여"행 4:31.

"스데반이 성령충만하여 하늘을 우러러 주목하여"행 7:55.

"베드로가 이 말을 할 때에 성령이 말씀 듣는 모든 사람에게 내려오시니"행 10:44.

이와 유사한 기록들이 성경에 많이 나온다.

성령은 변하지 않으셨다. 그분의 능력과 권세도 변하지 않으셨다. 그분은 여전히 영원한 하나님의 제3위이시며, 하나님의 영원한 아들 예수 그리스도에 대해 우리가 알아야 할 모든 것을 가르치시기 위해 우리 가운데에 거하신다.

내가 분명히 말하고 싶은 것은 성령의 기름부음을 받은 사람이 우리 가운데에 있다면 그는 그 사실을 비밀로 할 수 없다는 것이다. 그가 기름부음을 받은 사실은 분명히 드러나게 되어 있다.

기름부음은 비밀이 아니다

언젠가 한 형제가 내게 이렇게 털어놓았다.

"나는 성령충만 받은 것을 비밀로 하려고 애쓴 적이 있었습니다. 나는 믿음으로 내 삶을 하나님께 드렸고, 하나님은 내 기도에 응답하셔서 나를 성령으로 충만하게 하셨습니다. 나는 그 사실을 아무에게도 말하지 않겠다고 마음먹었습니다."

그러나 3일이 지났을 때 그의 아내가 그의 팔을 만지며 "당신에게 무슨 일이 일어났나요? 뭔가 달라진 것 같아요"라고 말했다. 그러자 마치 봇물이 터지듯 그의 입에서 간증이 흘러나왔다. 그는 성령의 기름부음을 받았음을 아내에게 이야기했다.

성령의 향기는 숨길 수가 없다. 그의 아내가 먼저 그 향기를 맡았다. 왜냐하면 그의 생활이 바뀌었기 때문이다. 거룩한 삶의 영적 미덕美德과 열매들은 감출 수 없다. 성령충만은 기쁨과 즐거움의 기름부음이다.

성령의 능력이 기쁨의 능력이라는 것을 말해줄 수 있다는 것이 나는 무척 기쁘다. 우리 주 예수 그리스도께서 이 땅에서 아름답고 거룩한 삶을 사시며 능력을 베풀어 치유와 구원의 사역을 감당하신 것은 바로 이 기쁨의 기름부음 때문에 가능했다.

　우리가 인정해야 할 것이 있다. 그것은 예수 그리스도의 머리에 부어진 하나님의 거룩한 기름이 당신과 나를 포함하여 역사상 이 땅에 살았던 그 어떤 인간에게 부어진 거룩한 기름보다 많았다는 것이다. 하지만 그렇다고 해서 하나님이 그분의 가장 좋은 것을 우리에게 주기 아까워하신다는 이야기는 아니다.

　내 말은, 우리가 기름부음을 얼마나 많이 원하느냐에 따라 성령께서 그만큼 부어주신다는 것이다. 예수님의 경우, 그분에게 특별한 기름부음이 허락된 것은 그분이 의를 사랑하고 불의를 미워하셨기 때문이다. 이 사실은 전능의 하나님으로부터 충만한 기름부음과 복을 얻기 위해 우리가 어떤 사람이 되어야 하는지를 가르쳐준다.

　어떤 그림이나 문학작품들은 예수님을 수동적이고 핏기 없고 줏대 없는 사람으로 묘사하기도 하지만, 이 땅에 계실 때 예수님은 그런 분이 아니셨다. 그분은 강한 분이셨고, 무쇠 같은 의지의 소유자이셨다. 그분은 자신을 온전히 불태울 수도 있을 정도로 뜨겁게 사랑하셨다. 그리고 잘못되고 악하고 이기적이고 죄악된 것이라면 무엇이든지 지극히 미워하셨다.

어떤 사람들은 내 말에 반론을 제기할지 모르겠다.

"나는 예수님이 그런 분이셨다고는 믿을 수 없습니다. 미워하는 것은 언제나 죄라고 생각했습니다."

그러나 그분이 이 땅에 계실 때 행하고 가르치신 것을 충분히 연구해보라. 그러면 무엇이 옳은지 판단이 설 것이다. 하나님의 자녀들이 마땅히 미워해야 할 것을 미워하지 않는다면 그것이 죄다! 우리 주 예수님은 의를 사랑하셨지만 불의는 미워하셨다. 나는 그분이 죄와 악과 잘못된 것을 철저히 미워하셨다고 믿는다.

우리가 미워해야 할 것들

우리가 성별되고 헌신적인 그리스도인이라면, 십자가에서 죽고 부활하신 그리스도의 진정한 제자라면 우리가 마땅히 미워해야 할 것들이 있다. 만일 우리가 정직을 사랑한다면 부정직을 미워하지 않을 수 없다. 깨끗함을 사랑한다면 더러움을 미워해야 한다. 진실을 사랑한다면 거짓말과 속임수를 미워하지 않을 수 없다.

우리가 예수 그리스도에게 속한 자들이라면 우리는 그분처럼 온갖 형태의 악을 미워해야 한다. 하나님을 대적하는 것은 미워하고 하나님으로 충만한 것을 사랑하는 능력을 가지셨던 예수님은 성령의 기름부음, 즉 기쁨의 기름을 충만히 받으셨다.

그런데 우리는 어떠한가? 선善을 사랑하고 악惡을 미워하는 일에 철저하지 못하기 때문에 우리는 성령을 충만히 받지 못한다. 하나님이 우리에게 거룩한 기름을 충만하게 부어주시지 않는 이유는 우리가 예수님의 모범을 따르지 않기 때문이다. 예수님은 옳은 것을 위해 그분의 모든 것을 쏟아 부으셨고, 악한 것에 대한 거룩한 증오로 온전히 불타셨다. 하지만 우리는 그렇지 못하다.

죄는 미워하되 죄인은 사랑하라

"예수님이 죄인을 미워하셨는가?"

이 질문은 언제나 우리를 따라다닌다. 하지만 사실, 이 질문에 대한 대답을 우리는 이미 알고 있다. 그분은 세상 사람들을 사랑하셨다. 우리는 그분이 죄인을 미워하셨다고 생각할 만큼 어리석지 않다. 하지만 죄인을 통제하는 악과 부패는 미워하셨다. 그분은 교만한 바리새인들을 미워하지 않으셨지만, 그들의 교만과 자기의自己義는 혐오하셨다. 그분은 간음 중에 붙잡힌 여자를 미워하지 않으셨지만, 그녀를 그렇게 만든 매춘은 미워하셨다. 그분은 마귀를 미워하셨고, 그분이 쫓아낸 악한 영들을 미워하셨다.

오늘날 사람들에게 맞추려 하고 나약한 성향을 가진 설교자들이 그리스도인들을 잘못된 길로 인도하고 있다. 적어도 일반적으로 볼 때 그렇다. 그들은 선한 그리스도인이 되려면 부드럽게 만족스런 표정을 지으며 무엇이든지 기독교적 관용과 이해심으로 용납해야 한다고 가르친다. 그들의 입에서는 '열정', '죄의 자각' 또는 '헌신' 같은 단어들이 나오지 않는다. 그들은 "진리를 위해 일어서라" 같은 전투적 표현을 피한다.

헌신적인 그리스도인은 그리스도의 대의大義를 위해 열정을 보여야 한다. 그런 그리스도인은 성경이 주는 영적 확신에 사로잡혀 날마다 살아간다. 그런 그리스도인은 하나님이 주신 겸손한 마음으로 살면서도 그리스도의 대의를 위해 가장 끈질기게 저항하고 싸운다. 그런데 그토록 많은 목회자들이 뜨거운 열정으로 의를 사랑하고 강렬한 혐오감으로 불의를 미워하라는 성경의 교훈에서 멀리 떠난 것은 어찌된 일인가?

왜 박해가 없는가?

사람들은 교회가 사회에서 호의를 받고 있다고 말한다. 그들의 말대로 오늘날의 교회는 대부분의 나라에서 박해받지도 거부당하지도 않는다. 바로 거기에 문제가 있다. 우리가 박해받지 않는 것은 편하고 인기 있는 길을 선택했기 때문이다. 만일 우리가 온 열정을 다해 의를 사랑하고 악을 거부한다면 인기를 누리는 지금의 삶은 곧 끝나버릴 것이다. 우리를 향한 세상의 공격이 즉시 시작될 것이기 때문이다.

우리는 너무 친절하고 관용적이다. 우리는 좋은 평판을 듣기를 너무 갈망한다. 우리는 여러 형태로 드러나는 죄에 대해 재빨리 합리화한다. 주변 사람들이 귀찮게 여길 정도로 하나님을 사랑하고 죄를 미워하도록 자극을 줄 수 있다면 나는 정말 기쁠 것이다. 어떤 그리스도인이 내게 전화를 걸어 "지금 내가 예수님을 위해 핍박을 받고 있는데 어떻게 하면 좋겠습니까?"라고 조언을 구한다면 나는 크게 감동하여 하나님께 감사할 것이다.

밴스 하브너Vance Havner, 1901~1986. 미국의 부흥사는 이렇게 말하곤 했다.

"무언가를 위해 마땅히 싸워야 함에도 불구하고 너무나 많은 사람들이 무언가를 얻기 위해 달리고 있다."

하나님의 사람들은 마땅히 싸워야 한다! 하지만 우리는 여러 면에서 잘못된 가르침을 받았기 때문에 온갖 형태의 더러운 것들을 보고도 침묵한다. 우리 영혼의 원수는 우리가 믿는 진리가 대수롭지 않은 것이라는 인식, 즉 그것을 지키기 위해 흥분하고 난리 칠 필요가 없다는 인식을 우리에게 심어 주었다.

그리스도인 형제자매들이여! 우리에게는 시간이 별로 남아 있지 않다. 우리가 이 땅에 머물 시간이 많이 남은 것이 아니다. 우리의 삼위일체 하나님께서는 세상이 불타 없어져도 없어지지 않고 남아 있을 것들을 위해 싸우라고 말씀하신다. 장차 날이 이르면 불이 모든 사람들의 행위의 가치와 질質을 드러낼 것이다.

내가 이런 이야기를 하는 이유는 기쁨의 기름, 즉 성령의 복된 기름부음이 오늘날의 성도들에게서 충만히 발견되지 않는다고 생각하기 때문이다. 물론 자신이 자유주의자라고 자랑스럽게 말하는 사람들에게서 기름부음의 영적 운동이 일어나기를 기대하지 않는다. 그들은 그리스도의 신성神性, 성경의 영감설靈感說, 그리고 성령의 거룩한 사역들을 부정한다. 기쁨의 기름부음을 믿지 않는 사람들에게서 하나님의 기름이 흘러 복을 줄 것이라고 기대할 수는 없는 노릇이다.

그들은 그렇다 치고 우리 복음주의자들은 어떠한가? 신약의 기본적 진리와 교훈을 믿고 받아들이는 우리는 어떠한가?

우리는 왜 하나님의 기름이 우리 중에 충만히 흐르지 않는지에 대해 자문해야 한다. 우리에게는 진리가 있다. 우리는 성령의 기름부음을 믿는다. 그런데 왜 우리에게서 성령의 기름부음이 나타나지 않는가?

우리는 악을 용납한다

내가 볼 때, 그 이유는 우리가 악을 용납하기 때문이다. 우리는 하나님이 미워하시는 것을 용납한다. 세상 사람들에게 '마음씨 좋고 호감을 주는 그리스도인'으로 인정받고 싶어 하기 때문이다. 우리는 '편협한 사람'이라는 소리를 듣는 것을 싫어한다.

하나님의 도움과 영적 능력을 얻으려면 어리석은 타협을 거부해야 하고, 우리를 악에 빠뜨리는 유혹을 물리쳐야 한다. 하나님이 미워하시는 것들을 버리지 않는다면 그리스도인으로서의 승리를 얻을 수 없고 복도 받을 수 없다.

그분이 미워하시는 것이라면 당신의 아내가 좋아하는 것이라 할지라도 버려라. 당신의 남편이 사랑하는 것이라 할지라도 버려라. 당신이 속한 사회 계급이나 제도가 용납하는 것이라 할지라도 물리쳐라. 악이요 잘못된 것이라면, 우리의 거룩하고 의로운 구주께 불쾌감을 드리는 것이라면, 우리 시대의 사람들이 모두 받아들인다 할지라도 그것을 단호히 거부하라.

나는 지금 최대한 솔직하고 엄격하게 말하는 것이다. 내가 볼 때, 하나님의 사람들에게서 마땅히 나타나야 할 담대함과 기쁨이 지금 우리에게서 보이지 않는다. 그런 모습이 나는 걱정스럽다.

하나님은 우리에게 의지意志를 주셨다. 모든 그리스도인들이 영적 승리를 얻을 수 있는 열쇠가 그들의 의지 깊은 곳에 숨어 있다. 하지만 우리가 성령의 인도하심에 따라 사는 즐거움을 위한 대가를 지불하길 거부한다면, 죄와 악과 잘못된 것을 미워하길 거부한다면, 우리의 교회는 비밀결사의 집회장소나 클럽으로 전락하고 말 것이다.

하나님은 우리를 향한 사랑을 버리지 않으셨다. 성령은 여전히 하나님의 성실한 영靈이시다. 우리 주 예수 그리스도는 하늘에 계신 지극히 크신 이의 우편에 앉으셔서 우리를 대표하시고 우리를 위해 중보하신다. 하나님은 그분께 사랑과 헌신을 보이라고 우리에게 말씀하신다. 장차 날이 이르리니 그 날이 이르면 심판의 불이 각 사람들이 이룬 일을 시험할 것이다. 세상적 성취를 추구한 나무나 풀이나 짚은 불에 타버릴 것이다. 하나님은 우리가 금과 은과 보석의 상을 얻도록 노력하기를 원하신다 고전 3:12-15.

　예수 그리스도를 따르는 것은 가볍게 여길 일이 아니다. 천국과 지옥과 장차 임할 심판을 대수롭지 않게 여기는 죄를 범하지 말라.

JESUS

PART 3
언약을 성취하신 분
예수 그리스도

Chapter 9 | **Jesus,** Keeper of God's Promises

하나님의 약속을 실현하신
예수 그리스도

사람들의 약속은 쉽게 깨진다

깨어진 약속 때문에 슬픔과 실망을 맛보지 않은 사람은 우리 중 아무도 없을 것이다. 나는 약속을 지키지 않은 사람들이 사과하거나 핑계를 대거나 때로는 거짓말을 하는 경우를 여러 번 겪었다. 그들은 "미안합니다. 내가 당신에게 약속한 것을 지킬 수 있다고 생각했지만, 이제 보니 그것은 인간으로서는 가능하지 않은 일이었습니다"라는 식으로 말한다. 이것이 인간과의 관계이다.

그러나 하나님과의 관계를 경험하고 나면 그분이 인간과는 완전히 다른 분이심을 알게 된다. 하나님의 모든 약속들은 확실하다. 그것들은 하나님의 성품만큼이나 믿을 만하다. 그 점에 대해 히브리서 기자는 다음과 같이 말한다.

"하나님이 아브라함에게 약속하실 때에 가리켜 맹세할 자가 자기보다 더 큰 이가 없으므로 자기를 가리켜 맹세하여 이르시되 내가 반드시 너에게 복 주고 복 주며 너를 번성하게 하고 번성하게 하리라 하셨더니 그가 이같이 오래 참아 약속을 받았느니라" 히 6:13.

나는 하나님과 그분의 성실한 약속에 대해 내가 아는 것을 성도들에게 반복해서 말한다. 내가 거듭하여 "당신이 사랑하고 섬기는 하나님이 어떤 분인지를 아는 것이 당신에게 유익합니다"라고 말하는 이유는 하나님의 모든 약속이 전적으로 그분의 성품에 근거하여 나오기 때문이다.

내가 "당신이 만나고 교제하는 하나님에 대해 최대한 많은 것을 알기 위해 성경을 열심히 공부하십시오"라고 말하는 이유는 우리의 신실하신 하나님이 그분의 모든 약속을 온전히 지키실 수 있는 분임을 알 때에야 비로소 기쁨 중에 자연스럽게 믿음이 생겨나기 때문이다.

하나님은 변하지 않으신다

하나님의 완전한 신실성을 증언하는 히브리서 6장 13절은 우리의 가슴을 설레게 한다. 히브리서의 수신자들은 당시 박해를 받고 있었다. 원수는 그들이 하나님의 계획과 약속들을 의심하도록 만들고자 분주히 움직였다. 아마도 사탄은 하나님의 어린양이신 예수 그리스도의 보혈로 인印 친 은혜의 새 언약에 대한 의심의 씨앗을 뿌리고 있었을 것이다.

내가 성경 연구를 통해 얻은 결론은 이렇다. 하나님의 모든 약속들은 연약하고 변하기 쉬운 우리 인간들에게 그분의 영원한 호의와 관심을 확신시켜준다는 것이다. 하나님은 오늘이나 내일이나 동일한 분이시다. 그분이 행하시는 모든 것은 그분의 성품과 언제나 일치한다.

당신은 어떤 상황에서든 감사하면서 하나님의 약속을 기뻐하는 법을 배웠는가? 그분은 우리에게 사람을 보내 "내 상태가 좋지 않아서 오늘은 어제처럼 너희에게 해줄 수 없다"라고 말씀하실 필요가 없다. 우리는 때로 상태가 좋지 않을 수도 있다. 하지만 하나님이 주시는 영원한 복은 우리의 상태에 좌우되지 않는다. 만일 내 영원한 소망이 내 상태에 따라 좌우된다면 얼른 짐을 꾸려 다른 데를 알아보는 것이 좋을 것이다. 천국을 향한 소망과 기대는 우리에게 거룩한 감정이 생기지 않을 때도 결코 깨어지지 않는다.

그래서 나는 내 믿음과 소망을 나의 일시적인 감정이나 내

몸의 상태와 연관 짓지 않는다. 내 영원한 소망은 변하지 않으시는 하나님께 근거를 둔 것이기 때문이다. 다시 말해서 약속을 지킬 수 있는 그분의 능력에 근거한다. 이 점에 대해 나는 추호도 의심하지 않는다.

하나님은 우리의 감정을 이용하지 않으신다

뿐만 아니라 나는 하나님이 우리가 영적 결단에 이르도록 하기 위해 우리의 감정을 이용하지 않으신다고 솔직하게 말할 수 있다. 전도 집회에서 청중의 감정을 자극하기 위해 어떤 기술을 사용하는 경우가 있다. 그러나 그때 청중은 성령의 감동으로 확신에 이르는 것이 아니라 감정적으로 흥분하는 것뿐이다. 그것들은 자비와 은혜로 충만하신 하나님의 아름답고 부드러운 방법들과는 아무 상관없다.

"청중 속에 있는 누군가 감동을 받아 눈물을 흘린다면 우리는 새로운 성도를 얻은 것이다"라는 전제에 따라 전도 집회를 이끌어나가는 것에 나는 동의하지 않는다. "얼음장처럼 차갑던 청중이 감정적 변화를 일으켜 눈물 콧물을 흘리면 그들의 영혼은 영원한 평안의 길로 들어선 것이다"라는 말에도 동의하지 않는다.

나는 분명히 경고한다. 사람들이 감정을 조종하는 것과 성령께서 진리에 대한 확신을 주시는 것 사이에는 털끝만큼의 연관성도 없다.

나는 당신이 하나님이 행하시는 방법들과 그분의 영이 주시는 부드러운 감동에 대해 얼마나 알고 있는지 모르겠다. 하나님의 말씀, 즉 그분의 진리와 영이 함께 일하여 우리의 감정을 최고로 고조시키실 수 있다. 그분이 하나님이시고 또 마땅히 우리의 찬양을 받으실 분이시기에, 우리는 고조된 감정으로 그분께 찬양과 영광을 돌릴 수 있다. 이렇게 하나님의 진리가 우리의 감정을 고조시키는 경우만이 진짜이다. 그렇지 않은 것은 올바른 감정적 변화가 아니다.

예수님의 권세는 최고의 권세이다

히브리서 기자는 영원한 아들이신 예수 그리스도에게 부여된 권세가 최고의 권세라는 것을 그의 서신 전반을 통해 분명히 밝힌다. 편지의 서두에서 그는 이미 편지의 주제를 밝혔다. 그것은 예수 그리스도에 대한 메시지가 진리이므로 우리가 모든 것을 다 바쳐 그것을 붙들어야 한다는 것이다.

성경은 늘 그런 식으로 말한다. 성경은 솔직하고 논리적이며 정직하다. 성경은 "우리가 알아야 할 진리들이 있는데 바로 이것이며, 너희는 이런저런 의무를 행해야 한다"라는 식으로 말한다. 하나님은 이렇게 성경말씀을 통해 이 땅의 사람들에게 그분의 뜻을 전하신다.

어떤 사람들은 성경을 읽은 다음 이런 논리를 폈다.

"더 이상 왈가왈부할 필요가 없다. 최고의 권세가 그리스도께 있다. 그러므로 우리는 걱정할 필요도 없고 혼란을 느낄 필요도 없다. 모든 것이 하나님의 손 안에 있다."

그러나 그렇게 단순하지만은 않다. 하나님은 우리 각 사람에게 자유의지를 주셨다. 우리가 어떤 것을 선택할 수도 있고 거부할 수도 있도록 우리를 만드셨다. 그런데 만일 우리가 자유의지를 사용해 하나님이 그분의 아들에게 주신 권세를 무시한다면 그것은 아주 중대한 죄가 된다.

하나님은 우리를 향한 사랑으로 인해서 이미 주도적으로 그분의 일을 시작하셨다. 우리가 핑계할 수 있는 여지를 남기지 않으셨다. 그러나 만일 우리가 우리의 결점들과 하나님이 행하신 일들에 대해 진지하게 생각하지 못한다면 그분은 우리를 위해 아무것도 행하실 수 없다. 만일 그분의 은혜와 자비가 우리를 움직이지 못한다면 그분은 우리를 구원하실 수 없다.

다시 출발점으로 돌아가보자. 그리스도인들의 소망과 하나님의 약속들은 모두 삼위일체 하나님의 성품에 근거를 둔다. 우리는 새 언약의 조건에 따라 구원을 얻은 자들이다. 이 새 언약은 우리를 창조하시고 우리의 속량을 위해 자신의 생명을 내어주신 분의 사랑과 은혜의 토대 위에 서 있다.

하나님은 그분의 자유의지에 따라 맹세하시고 우리에게 언약을 주셨다. 그리스도인이 그리스도인인 이유는, 또 그리스도인이 언제까지나 그리스도인으로 남을 수 있는 이유는 삼위일체 하나님과 사람 사이의 언약 때문이다.

시편 89편이 주는 교훈

이 진리를 분명히 가르쳐주는 것이 '시편 89편'이다. 이 시편을 통해 성령께서는 분명한 메시지를 전해주신다. 시편 89편은 성실하신 하나님이 택하신 백성과 맺은 언약에 대해 말한다. 하나님이 다윗의 자손과 백성에게 하신 말씀들은 거의 무조건적이다. 이만큼 무조건적인 것을 찾기는 힘들 것이다. 그분은 단지 다윗 왕에 대해 말씀하시는 것이 아니다. 다윗보다 더 큰 '다윗의 자손', 즉 영원한 아들이시요 만유의 주님이신 예수 그리스도에 대해 말씀하신다.

"그가 내게 부르기를 주는 나의 아버지시요 나의 하나님이시요 나의 구원의 바위시라 하리로다 내가 또 그를 장자로 삼고 세상 왕들에게 지존자가 되게 하며 그를 위하여 나의 인자함을 영원히 지키고 그와 맺은 나의 언약을 굳게 세우며"시 89:26-28.

바로 예수님이 이 아들이시다. 하나님이 예수님과 굳게 세우신 언약은 우리와의 언약이기도 하다. 그 언약은 결코 무너지지 않는다. 절대적으로 신뢰할 수 있는 하나님이 약속하신 것이기 때문이다.

왜 약속이 깨어지는가

나는 내가 이제까지 이야기한 것이 당신에게 분명히 전달되었기를 바란다. 무릇 약속이란 그 자체로서는 아무것도 아니다. 약속의 가치는 약속을 한 사람의 인격에 따라 좌우된다. 우리는 사람들의 약속이 어떻게 되는지를 잘 알고 있다. 사람들은 약속을 하지만 종종 그 약속을 어긴다. 사람들의 약속은 잘 지켜지지 않는다.

사람들의 약속이 깨어지는 이유는 여러 가지이다. 때로 사람들은 처음부터 약속을 지킬 의도가 없으면서도 약속을 한다. 그들 인격의 이중성 때문에 약속이 깨어지는 것이다. 또 어떤 경우에는 예상이 빗나가서 약속이 깨어지기도 한다. 미래를 예상하고 약속을 하지만 사정이 나빠지기도 하기 때문이다. 건강이 나빠지거나 재정이 나빠지거나 지적 능력이 나빠진다. 그렇게 되면 약속대로 행할 수 없다.

또 어떤 경우에는 인간의 변덕 때문에 약속이 지켜지지 않는다. 사람들은 약속을 하지만 나중에 마음을 바꾼다. 자기가 약속한 조건대로 행하기를 거부한다. 또 어떤 경우에는 약속한 사람이 죽기 때문에 약속이 지켜지지 않는다. 죽음을 피할 수 없는 인간의 한계 때문에 약속이 무효화되는 것이다.

사람들은 자신의 실패와 연약함을 잘 안다. 자신의 약점, 자신의 이중성, 정직하지 못한 자신의 경향을 잘 안다. 그렇기 때문에 그들은 자신의 약속에 맹세를 덧붙인다. 자기보다 더 큰 존재에 호소한다. 예를 들면 "하나님이시여, 약속을 지킬 수 있도록 나를 도우소서"라고 말하며 약속한다.

서로를 신뢰할 수 없는 죄인들 사이에서 "당신이 거짓말을 하지 않겠다고 하나님이나 성경을 걸고 맹세하십시오"라는 말이 오고가는 것 자체가 우스운 일이 아닐까? 법정에 증인으로 나온 사람이 하나님 앞에서 "나는 진실을 말할 것입니다. 오직 진실만을 말할 것입니다"라고 선서할 때마다 지옥에서 그들을 비웃는 소리가 내 귀에 들리는 듯하다.

우리는 하나님을 신뢰해야 한다

이제까지 말한 것을 토대로 본격적인 이야기를 좀 해보자.

인간들을 상대로 일하셔야 했던 하나님은 그들의 일 처리 방식에 맞추어 행동하실 수밖에 없으셨다. 하나님이 아브라함 시대에 그분의 백성을 구원하겠다고 약속하실 때 그분은 자신의 약속을 확고히 하기 위해 '맹세'하셨다. 하지만 자신보다 큰 자를 가리켜 맹세하는 것이 불가능하기 때문에 자기를 가리켜 맹세하셨다. 우리의 성실하신 하나님은 약속의 수혜자受惠者가 될 모든 사람을 위해 그렇게 맹세하셨다!

우리는 그분을 신뢰할 것인가? 우리의 미래를 온전히 그분께 맡길 것인가? 그분의 성품 외에 다른 보증이 더 필요한가? 우리가 그분을 신뢰할 수 있고 또 그분의 언약이 결코 변하지 않는다고 확신할 수 있는 것은 그분이 하나님이시기 때문이다. 바로 그분의 영원한 인격과 성실한 성품이 "예수 그리스도의 보혈을 통해 너희의 구원이 확보되었다"라고 우리에게 말씀해주신다. 우리의 죄 사함, 구원의 소망, 그리고 내세에 대한 우리의 확신은 그분의 변하지 않는 사랑과 성실하심에 그 기초를 둔다.

인간은 하나님만큼 지혜롭지 못하다. 예를 들어보자. 어떤 사람들은 자신을 위해 미래를 예언해줄 수 있는 사람을 만나게 되길 간절히 바란다. 그러나 미래를 정확히 알려줄 수 있는 사람은 어디에도 없다. 심지어 그들은 자신이 한 약속대로도 살지 못한다.

그러나 하나님은 다르시다. 하나님이 알지 못하시는 것은 없다. 그분의 지혜는 완전하다. 하나님은 "내 의도는 좋았지만 결국 실패하고 말았다"라고 변명하실 필요가 없다. 자신의 약속을 능히 이행할 수 있으신 하나님의 능력은 그분의 전능성全能性과 직접적으로 연결되어 있다. 만일 하나님이 전능하지 않으시다면 약속을 지키실 수 없을 것이고, 우리에게 구원의 확신을 주실 수도 없을 것이다.

우리가 '전능'이라고 부르는 하나님의 속성은 그분이 무엇이라도 행하실 수 있다는 의미라기보다는 그분이 행하기 원하시는 것은 무엇이든지 행하실 수 있는 유일한 존재라는 것을 의미한다.

이제 우리는 하나님의 사랑과 지혜와 거룩함과 능력이 완전하다는 것을 아는 단계까지 이르렀다. 물론 우리는 "나는 거룩한 하나님이다"라는 그분의 말씀이 무엇을 의미하는지 완전히 이해할 수 없다. 하지만 그럼에도 우리는 거룩함이 하나님의 존재 방식이라는 사실을 알게 되었고, 또 하나님이 거룩함을 그분의 온 우주에 필요한 도덕적 조건으로 삼으셨다는 사실을 알게 되었다.

거룩함이 하나님의 존재이기 때문에 하나님은 그분의 거

룩한 본성을 거스를 수 없으시다. 그분은 거짓말을 원하지 않으신다. 부정한 행동을 원하지 않으신다. 속이기를 원하지 않으신다. 그분이 사랑하시는 백성을 배신하기를 원하지 않으신다.

이것을 긍정적인 언어로 바꾸어 표현하자면, 그분은 성품이 완전하시기 때문에 자녀들에게 진실하기를 원하신다. 그분이 완전하시기 때문에, 그분이 거룩하시기 때문에 믿음의 자녀들은 안전하다. 전능하신 주主 하나님이 통치하신다는 것을 확신하기 때문에, 그분이 원하시는 바를 무엇이든 이루실 수 있다는 것을 알기 때문에 내게는 더 이상 의심이 없다. 전능하신 하나님이 나를 그분의 품에 안전하게 안고 계신다.

내가 지금까지 해온 이야기의 결론으로 가장 좋은 것은 히브리서가 증언하는 하나님의 전능성을 증언하는 것이다.

"하나님은 약속을 기업으로 받는 자들에게 그 뜻이 변하지 아니함을 충분히 나타내시려고 그 일을 맹세로 보증하셨나니 이는 하나님이 거짓말을 하실 수 없는 이 두 가지 변하지 못할 사실로 말미암아 앞에 있는 소망을 얻으려고 피난처를 찾은 우리에게 큰 안위를 받게 하려 하심이라 우리가 이 소망을 가지고 있는 것은 영혼의 닻 같아서 튼튼하고 견고하여 휘장 안에 들어가나니 그리로 앞서 가신 예수께서 멜기세덱의 반차를 따라 영원히 대제사장이 되어 우리를 위하여 들어가셨느니라" 히 6:17-20.

우리의 삶은 폭풍의 한복판에 있다. 믿음의 성도들은 배를 타고 있다. 누군가 수평선을 보더니 소리친다.

"폭풍이 우리를 향해 다가오고 있다. 우리는 죽은 거나 마찬가지이다. 우리 배가 암초에 부딪혀 산산조각날 것이다."

그러나 또 어떤 사람이 차분히 말한다.

"우리에게는 닻이 있다."

바다가 너무 깊어 그 속에 있는 닻이 보이지 않을지라도 분명히 닻은 있다. 요지부동의 바위에 단단히 걸려 있는 닻이 우리의 배를 확실히 붙들어주고 있다. 그러므로 우리의 배는 폭풍을 이겨낼 것이다.

"너희에게는 너희 영혼을 확실히 붙들어주는 견고하고 튼튼한 닻이 있다."

성령께서는 우리를 안심시켜주신다. 구주요, 구속자요, 대제사장이신 예수 그리스도께서 바로 그 닻이시다! 영원히 대제사장이 되신 예수님이 우리를 위해 먼저 평온하고 안전한 항구로 들어가셨다. 즉, 휘장 뒤에 있는 지성소로 들어가셨다.

지금 예수님이 계신 그곳에 우리도 영원히 있게 될 것이다. 성령께서 우리에게 분명히 말씀해주셨다.

"믿음을 굳게 붙들라. 거룩함을 추구하라. 부지런하며 믿음의 온전한 확신을 끝까지 붙들라. 약속된 것을 믿음과 인내로 얻은 사람들을 본받으라. 하나님은 성실하시다."

Chapter 10 | Jesus, Like unto Melchizedek
멜기세덱 같은 대제사장이신
예수 그리스도

더 좋은 길

제사장이 되는 특권은 받았지만 죄성을 가진 불완전한 인간이 예수 그리스도의 죽음과 부활 후에 성전의 휘장을 다시 고쳐서 하나님과 인간 사이의 중보 역할을 다시 시작하는 것이 하나님의 뜻이었을까? 결코 그렇지 않다! 히브리서는 이 사실을 분명히 가르친다. 옛 언약에 따라 이스라엘을 섬겼던 레위인들의 제사장직은 예수님이 죽은 자들로부터 다시 살아나신 이후로 필요가 없어졌다.

대신에 하나님은 더 좋은 길을 내셨다. 그것은 바로 영원한 대제사장이요, 죄 없는 중보자이신 예수 그리스도시다. 히브리서는 이 사실을 분명히 증언한다. 하늘에 계신 "지극히 크신 이"히 1:3의 우편에 앉아 영광 가운데 계신 예수님은 이제 영원히 우리의 대제사장이시다. 그분의 제사장직은 아론과 레위가 아니라 멜기세덱의 반차를 따르는 영원한 제사장직이다.

이 두 가지 사실은 멸망할 수밖에 없는 인류를 위한 그리스도의 완성된 사역에 근거한 더 좋은 언약과 더 좋은 제사장직과 더 좋은 소망을 증언하는 히브리서의 가장 중요한 메시지이다.

히브리서의 몇몇 구절을 읽어보자.

"그리로 앞서 가신 예수께서 멜기세덱의 반차를 따라 영원히 대제사장이 되어 우리를 위하여 들어가셨느니라"히 6:20.

"제사 직분이 바꾸어졌은즉 율법도 반드시 바꾸어지리니"히 7:12.

"전에 있던 계명은 연약하고 무익하므로 폐하고 (율법은 아무것도 온전하게 못할지라) 이에 더 좋은 소망이 생기니 이것으로 우리가 하나님께 가까이 가느니라"히 7:18,19.

"저 첫 언약이 무흠하였더라면 둘째 것을 요구할 일이 없었으려니와"히 8:7.

신비로운 인물, 멜기세덱

멜기세덱은 모세와 아론과 레위지파 자손들의 시대가 시작되기 훨씬 전, 창세기에 등장한다. 멜기세덱은 우리의 주목을 끄는 신비로운 인물이다. 그는 살렘 왕이었고 지극히 높으신 하나님의 제사장이었다. 멜기세덱은 조카 롯을 구출하고 돌아오는 아브라함을 만나 그에게 복을 빌었다. 아브라함은 그가 다시 찾은 것들 중 10분의 1을 멜기세덱에게 주었다 창 14:17-20 참조.

창세기는 멜기세덱의 등장에 대해 짧게 기록할 뿐이고, 구약에는 그에 대한 더 이상의 인물 정보가 나오지 않는다. 다만 시편 110편에서 이스라엘 민족의 장래 역사에서 나타날 하나님의 영원한 제사장의 예표豫表로 다시 제시된다.

멜기세덱에 대한 정보를 우리에게 제공하는 사람은 바로 히브리서 기자이다. 히브리서 기자는 멜기세덱이 "아버지도 없고 어머니도 없고 족보도 없고 시작한 날도 없고 생명의 끝도 없어" 히 7:3 라고 말한다. 이것은 그의 근원을 추적할 수 있는 족보가 없다는 의미로, 우리는 그가 어디서 왔는지 알 수 없다.

유대인들은 족보를 매우 꼼꼼히 따지는 사람들이다. 족보를 따져서 아브라함까지 거슬러 올라가는 것이 가능할 정도였다. 그렇기 때문에 이스라엘의 후대 세대들이 혈통을 추적할 수 없던 멜기세덱을 어떻게 다루어야 할지 몰랐다는 것은 어렵지 않게 이해할 수 있다.

모든 유대인들이 그들의 족보를 애지중지하고 그것을 내구성이 강한 명판銘板에 새겨서 보존했던 이유는 장차 오실 메시아에 대한 소망 때문이었다. 그러니 메시아가 오셔도 그분은 아브라함부터 시작하여 다윗 왕을 거쳐 부모에 이르는 자신의 혈통을 증명해야 했다.

신약의 복음서에서 마태는 이러한 유대인들의 관습에 부응하여 예수 그리스도의 족보를 독자들에게 제공하는 수고를 아끼지 않는다. 그는 아브라함과 이삭과 야곱에서 시작하여 다윗과 솔로몬을 거쳐 또 다른 야곱에 이르러 결국 "야곱은 마리아의 남편 요셉을 낳았으니 마리아에게서 그리스도라 칭하는 예수가 나시니라"마 1:16라고 결론을 내린다.

더 좋은 소망

유대인들이 족보를 그토록 중요시했다는 사실을 고려할 때, 소중하게 보관되었던 족보들이 주후 70년에 자행된 로마의 예루살렘 파괴 때 사라져버렸다는 것은 의미심장하다.

이스라엘은 구속자요 메시아로 오신 예수님을 거부하고

십자가에 못 박았다. 하지만 다른 메시아는 있을 수 없다. 예수님이 아닌 다른 사람이 자신을 메시아라고 주장한다 할지라도 그는 메시아임을 입증하는 데 필요한 증거, 즉 자신이 아브라함과 다윗의 자손임을 입증하는 증거를 제시할 수 없었을 것이다. 부활하여 승천하신 하나님의 아들, 예수님은 이스라엘의 최종적 소망이셨고, 또 지금도 그러하시다.

우리는 앞서 인용한 히브리서의 구절들 히 6:20; 7:12,18,19; 8:7 이 주는 교훈을 깊이 생각해야 한다. 지금 우리는 지식이나 정보를 요약해서 쉽게 말해주는 것을 좋아하는 시대에 살고 있다. 하지만 히브리서의 이 구절들을 연구할 때는 쉬운 것만을 좋아하지 말고 깊이 생각해야 한다. 그러면 열매를 거둘 것이고, 우리의 노력은 결코 헛되지 않을 것이다.

이 구절들을 통해 히브리서 기자는 당시 고난 받는 유대 그리스도인들에게 세 가지를 분명히 밝혔다. 첫째, 모세의 율법과 레위인의 제사장직은 하나님이 세우신 영원하고 완전한 제도가 아니다. 둘째, 죄가 없으셨던 하나님의 아들 예수 그리스도께서 누구와도 비교할 수 없고 영원한 그분의 제사장직에 대해 성도들에게 확신을 주기 위해 오셨다. 그분의 제사장직이 보다 뛰어나고 영원하다는 것은 그분이 하나님의 우편에서 영광 가운데 계신 사실에 의해 확인된다. 셋째,

죄인들을 위한 구원 계획은 레위인 제사장들이 드린 이 땅의 제물에 의존하는 것이 아니라, 하나님의 어린양이 되기 원하신 예수 그리스도의 영원한 희생제사와 그분의 대제사장으로서의 중보사역에 의존한다.

우리는 히브리서를 통해 구약의 모세의 율법과 레위인의 제사장직이 연관성을 가지고 있음을 알게 된다. 그러므로 제사장직이 폐지될 때 모세의 율법도 끝났다. 히브리서 기자가 주장하는 핵심은 "전에 있던 계명은 연약하고 무익하므로 폐하고 (율법은 아무것도 온전하게 못할지라) 이에 더 좋은 소망이 생기니 이것으로 우리가 하나님께 가까이 가느니라"히 7:18,19라는 말씀에서 분명히 드러난다.

우리는 히브리서에 언급된 두 제사장직의 비교에 주목해야 한다. 구약의 모든 제사장들은 자기들이 결국에는 제사장을 그만두고 죽을 것임을 알았다. 각각의 제사장은 제한된 기간에만 일했다. 하지만 우리 주 예수 그리스도는 영원한 대제사장이시다. 그분은 죽음을 맛보셨고 또 그것을 이기셨다. 그분은 다시 죽지 않으신다. 그분은 영원히 제사장으로 계실 것이며, 결코 변하지 않으실 것이다.

그렇기 때문에 히브리서 기자는 예수 그리스도에 대해 "자기를 힘입어 하나님께 나아가는 자들을 온전히 구원하실 수 있으니 이는 그가 항상 살아 계셔서 그들을 위하여 간구하심이라" 히 7:25라고 분명히 선언한다.

우리는 그리스도 예수 안에서 자유롭다

그렇다면 이 모든 것이 그리스도인인 우리의 삶과 믿음에 어떤 의미를 지니는가? 감사하게도 이는 우리가 모세를 통해 주어진 율법 아래에 있지 않다는 것을 의미한다. 우리는 더 이상 유대인의 제사장직과 중보사역의 불완전한 것들 아래에 서 있지 않다. 이제는 예수 그리스도의 빛과 권세 안에 있다. 그분은 구약의 모든 제사장들보다 뛰어나신 분이다. 그분이 우리를 위해 드리신 희생제사는 세상의 죄를 도말하시기 위해 자신을 드릴 능력과 의지가 있었던 하나님의 어린양의 희생제사이다. 그분은 이 제사에 근거한 새 언약을 통해 율법을 성취하셨다.

우리의 구주요 중보자이신 예수 그리스도의 보혈로 인 친 새 언약은 우리에게 놀라운 영적 자유를 준다. 우리는 날마다 기뻐해야 한다. 누구도 옛 율법의 짐을 우리에게 얹어놓을 수 없다.

갈라디아교회에 보낸 편지에서 바울은 바로 이 문제를 다루었다. 그는 믿음을 통해 얻을 수 있는 하나님의 은혜와 의義

에 대해 효과적으로 말했다. 당시 갈라디아교회 성도들은 자신들을 유대인으로 만들고자 하는 사람들을 따랐다. 그 소식을 들은 바울은 이들을 책망하며 "군건하게 서서 다시는 종의 멍에를 메지 말라 … 율법 안에서 의롭다 함을 얻으려 하는 너희는 그리스도에게서 끊어지고 은혜에서 떨어진 자로다" 갈 5:1,4라고 말했다.

휘장은 찢어졌다

이 이야기를 끝내기 전에 나는 예수님이 십자가에서 돌아가실 때 예루살렘 성전에서 일어난 신기하고 이상한 일에 대해 언급하고 싶다. 당시 성전 지성소 앞에 드리워져 있던 휘장은 단순한 커튼이 아니었다. 그 휘장을 옆으로 젖히려면 성인 남자 몇 명이 함께 잡아당겨야 할 정도로 두껍고 무거운 것이었다. 예수님이 돌아가셨을 때 전능하신 하나님의 손이 그 휘장, 즉 눈에 보이지 않으시는 하나님의 임재에 거처를 제공해주던 무거운 휘장을 찢으셨다. 그렇게 하심으로써 하나님은 그분과 인류 사이의 새로운 언약과 관계의 시작을 알려주셨다. 그분은 옛 체제가 지나가고 새 체제의 권세와 효력과 중보가 도래했음을 알려주셨다.

전승에 의하면, 성전의 휘장이 맨 위에서 맨 아래까지 찢어졌을 때 레위인 제사장들은 오랫동안 거룩하게 여겨왔던 그 휘장을 수리해야 한다고 결정했고, 그 일이 실제로 이루어졌다고 한다. 그들은 정성을 다해 그 휘장을 다시 꿰맸다. 하나님이 새 체제를 선언하신 것을 알지 못한 그들은 옛 시대의 희생제사를 계속 유지하려고 애썼던 것이다.

성경의 몇 가지 진리에 따라 생각해보건대 유대인들은 진정한 예배의 의미를 알지 못하는 것 같다. 그렇다고 내가 반反유대주의자는 아니다. 나는 장차 도래할 이스라엘의 영광을 굳게 믿는다. 다시 태어난 이스라엘이 빛을 발하게 될 날이 도래할 것이라고 믿는다. 하나님의 의義의 말씀이 시온에서 나올 것이며, 하나님의 말씀이 예루살렘에서 나올 것이다.

그러나 지금, 유대인들의 종교에는 살아 고동치는 생명이 없다. 제단이 없다. 쉐키나Shekinah, 성경에는 나오지 않지만 많은 유대 문헌에서 하나님의 임재를 표현하기 위해 사용된 단어의 영광이 없다. 죄를 제거할 수 있는 희생제사가 없다. 그들을 위해 중보사역을 감당할 제사장이 없고, 그들을 위해 제사장이 들어갈 지성소가 없다. 모두 다 사라졌다. 모두 다 무익하고 능력 없고 더 이상의 권세가 없는 것으로 규정되어 제거되었다.

그런 것들 대신 하나님은 새로운 희생, 곧 하나님의 어린양이요 영원한 아들이신 예수 그리스도를 세우시고 받아들이셨다. 그분은 효력 있는 새 제단을 확증하셨는데 그것은 하늘에 있는 영원한 제단이다. 거기서 예수 그리스도께서 항상 살아 계시어 하나님의 자녀들을 위해 중보기도를 드리신다. 하나님은 새 대제사장이신 예수님을 세우시고 받아들이시고 자신의 우편에 앉히셨다.

예수님은 영원히 살아 계신다

지금까지의 모든 이야기가 복잡하게 들릴 것이다. 아무튼 우리가 알아야 할 것은 하나님의 그리스도요, 우리의 주님과 구주이신 예수 그리스도께서 영원히 살아 계실 것이라는 사실이다. 하나님이 시간과 시대를 초월하시듯이 예수님도 그러하시다.

그런 예수님이 살아 계시어 우리를 위해 중보기도를 하신다! 또한 그분은 영원히 우리의 보증이 되어주신다. 그렇기 때문에 우리는 그분의 손에 우리의 이름이 있는 것을 믿음과 기쁨으로 찬송하게 된다. 또한 찰스 웨슬리Charles Wesley, 1707~1788. 영국의 유명한 찬송시 작가로 존 웨슬리의 동생. 우리 찬송가에도 그의 찬송시가 여러 편이 실려 있는데, 대표적인 것으로 〈천부여 의지 없어서〉가 있다의 영적 통찰과 마음에서 나온 감동적인 노래를 계속 부르게 된다.

> 아버지께서 그분의 기도를 들으시니
> 그분은 아버지가 사랑하시는 기름부음 받은 분이로다.
> 아버지께서 그분을 쫓아내지 않으시다.
> 아버지의 영이 보혈에 응답하시고
> 하나님에게서 난 자라고 말씀해주신다.

그리스도의 실패 없는 중보사역이 있기 때문에 우리는 성도의 안전을 믿을 수 있다. 예정론을 믿는 존 칼빈 같은 신학자들이 만들어놓은 정교한 이론 때문이 아니라 영원한 그리스도의 대제사장적 중보사역을 믿기 때문이다.

예수 그리스도를 믿는 우리는 십자가에서 돌아가신 예수님을 두고 "저 사람은 이제 끝났다"라고 말한 사람들과 하늘과 땅 만큼이나 다르다. 우리는 부활하여 승리하신 전지전능한 대제사장을 본다. 그분은 그분의 생명과 보혈이 하나님의 믿음의 자녀들의 보호와 승리를 위해 지극히 소중하고 귀중하다는 것을 승리 가운데 조용히 주장하신다.

하나님의 보장이 얼마나 은혜로운 것인지 깊이 생각해보라. 하나님은 예수님이 "자기를 힘입어 하나님께 나아가는 자들을 온전히 구원하실 수 있으니 이는 그가 항상 살아 계서서 그들을 위하여 간구하심이라"히 7:25라고 선포하셨다.

영어성경 흠정역KJV은 "하나님께 나아가는 자들을 온전히 구원하실 수 있으니"라는 구절에서 '온전히'를 '최대한까지' to the uttermost 라고 번역했다. 그런데 어떤 설교자들은 '최대한까지'에 나오는 전치사 'to' ~까지를 'from' ~로부터으로 바꿔서 번역했다. 그렇게 하면 이 구절은 "하나님께 나아가는 자들을 최대한 극한으로부터 구원하실 수 있으니"가 된다. 그리고 그들은 사람들이 '무엇으로부터' from what 구원받았는지를 강조하는 설교를 했다.

하지만 나는 이런 번역과 설교에 동의하지 않는다. 우리 주님의 구원의 초대에는 그 누구도 배제되지 않는다. 나는 하나님이 우리가 '어디로부터' from where 왔는지에 전혀 관심을 갖지 않으신다고 믿는다. 그분은 우리가 어디로 가느냐에 관심을 갖고 계신다. 우리가 그분과 함께 영원히 거할 것을 결심하고 그분을 향해 가기로 결정할 때, 그분은 기뻐하시고 천사들도 즐거워한다.

일부 사역자들은 죄로 물든 인간의 부정적 측면들을 강조하려고 한다. 바로 '최대한 극한으로부터'라는 번역을 내세우면서 말이다. 그들은 "내가 얼마나 절망적인 술주정뱅이였는지를 고백하겠습니다"라고 말하는 사람, "남의 도움 없이는 아무것도 할 수 없는 마약중독자의 삶이 어떠했는지를 간증할 테니 집회에 참석하십시오"라고 말하는 사람, 또는 "아내에게 폭행을 가하면서 무익한 삶을 살았던 나의 어둡고 불행한 과거를 얘기할 것이니 와서 들어보십시오"라고 말하는 사람을 내세운다.

하나님이 우리의 죄를 용서하시고 회심을 통해 우리를 거듭나게 하신 것은 정말로 은혜이다. 그런 은혜로 인하여 우리는 새로 태어났다. 우리의 과거가 어떤 것이었든지 간에 하나님은 과거로부터 우리를 구원하셨다. 그러나 그것으로 끝난 것이 아니다.

그분은 우리가 남은 생애 동안 그분을 찬양하며 살기를 원하신다. 뿐만 아니라 우리가 그분이 우리를 위해 계획하신 아름답고 영원한 삶에 대한 복된 소식을 전하기를 원하신다. 하나님을 사랑하고 그분께 순종하는 모든 사람들을 위해 준비하고 계신 영원한 거처에 대해 증언하기를 원하신다.

나의 이야기

나는 17세에 그리스도를 만나 회심했다. 내 간증은 간증치고는 매우 재미없을 것이다. 왜냐하면 17세가 될 때까지 나는 감옥에 간 적도 없고, 담배를 피우거나 마약에 손을 대지도 않았으며, 술을 마시거나 아내를 버리지도 않았다. 사실 결혼한 적도 없다. 하지만 내 간증으로 이 장(章)을 끝내는 것이 적절하다고 생각해서 간략히 전하고자 한다. 내 간증이 나름대로 당신에게 도움이 될 것이다.

지금의 내 모습을 아는 사람은 내 말을 믿기 힘들겠지만, 사실 주님이 나를 처음 만나주셨을 때는 뺨이 붉고 건강한 젊은이였다. 잘 생겼다는 소리도 종종 들었고, 좋은 사람이라는 소리도 들었다.

만일 사람들이 나에게 "당신이 '무엇으로부터' 구원받았는지 간증해주십시오"라고 부탁했다면 내 간증은 그들을 실망시켰을 것이다. 왜냐하면 극적인 체험을 말하는 간증을 기대한 그들에게 내 얘기는 두 줄 기삿거리조차 못 되는 평범한 얘기였을 것이기 때문이다.

사람들이 볼 때 나는 평범하고 착실한 사람이었지만, 하나님이 보실 때는 죄인이었다. 회심한 후 나는 그분이 성실한 분이심을 알게 되었다. 나는 내가 '무엇으로부터' 구원받았느냐 하는 것보다 '무엇을 향해' 구원받았느냐 하는 것이 훨씬 중요하다고 생각한다.

나는 평생 내 주변의 모든 사람들에게 하나님의 선하심과 인자하심과 자비와 은혜를 말하고 또 말하면서 살아왔다. 그분은 나를 '최대한 극한까지' 구원하셨다. 그분은 내가 예수 그리스도와 함께, 그리고 하나님의 속량 받은 가족과 함께 영원히 교제하고 기뻐하며 살게 될 것이라고 보증하신다.

혹시 당신은 하나님의 진리를 의심하거나 그 진리를 받아들이기를 망설이고 있는가? 만일 그렇다면 나는 "이 땅에서의 짧은 시간을 위해 당신의 영원한 미래를 희생시키는 어리석은 실수를 범하지 말라"라고 조언해주고 싶다. 당신이 누구든 간에, 당신의 모든 과거는 지나간 시간일 뿐이지만 당신의 미래는 영원이다.

당신은 영원한 반석이신 그리스도 위에 서야 한다. 그분 이외의 다른 모든 기초는 밑으로 꺼져가는 모래밭과 같을 뿐이기 때문이다.

Chapter 11 | **Jesus,** Mediator of the New Will

새 언약의 중보자이신
예수 그리스도

영원한 유업을 약속하는 유서

하나님은 완전히 새로운 유서遺書를 쓰셨다. 그리고 그 유서에 당신의 이름을 써 넣으셨다. 그러나 유서가 작성된 지 2천 년이 지나가고 있음에도 많은 사람들은 자신의 이름이 그 안에 기록되어 있다는 것을 모른다.

예수 그리스도의 죽음과 부활 이후 줄곧 효력을 발휘해오고 있는 이 유서는 하나님의 무한한 사랑과 성실하심 때문에 우리가 얻을 수 있는 영원한 유업遺業을 약속한다.

새로운 이 유서의 중보자는 예수 그리스도이시다. 그분이 십자가에서 죽으심으로 인류는 죄를 용서받고 영원한 유업을 얻을 수 있게 되었다. 이에 대해 히브리서 기자는 다음과 같이 말한다.

"이로 말미암아 그는 새 언약의 중보자시니 이는 첫 언약 때에 범한 죄에서 속량하려고 죽으사 부르심을 입은 자로 하여금 영원한 기업의 약속을 얻게 하려 하심이라 유언은 유언한 자가 죽어야 되나니" 히 9:15,16.

"율법을 따라 거의 모든 물건이 피로써 정결하게 되나니 피 흘림이 없은즉 사함이 없느니라" 히 9:22.

"그리스도께서는 참 것의 그림자인 손으로 만든 성소에 들어가지 아니하시고 바로 그 하늘에 들어가사 이제 우리를 위하여 하나님 앞에 나타나시고 대제사장이 해마다 다른 것의 피로써 성소에 들어가는 것같이 자주 자기를 드리려고 아니하실지니 그리하면 그가 세상을 창조한 때부터 자주 고난을 받았어야 할 것이로되 이제 자기를 단번에 제물로 드려 죄를 없이 하시려고 세상 끝에 나타나셨느니라 한 번 죽는 것은 사람에게 정해진 것이요 그 후에는 심판이 있으리니 이와 같이 그리스도도 많은 사람의 죄를 담당하시려고 단번에 드리신 바 되셨고 구원에 이르게 하기 위하여 죄와 상관없이 자기를 바라는 자들에게 두 번째 나타나시리라" 히 9:24-28.

많은 교훈과 의미를 담고 있는 이 구절들을 읽을 때 우리는 훌륭한 미술 작품을 감상할 때처럼 한 걸음 뒤로 물러설 필요가 있다. 그림에 너무 가까이 다가서면 세부적인 것들만 보인다. 그러면 전체적인 구도를 보지 못하기 때문에 그림의 진정한 아름다움과 의미를 놓치게 된다. 그러므로 앞의 구절들을 읽을 때에도 우리는 한 걸음 뒤로 물러서서 그 안에 담긴 하나님의 큰 계획을 깊이 묵상해야 한다.

피와 생명은 서로 연관성이 있다

이 구절들을 읽으면서 맨 먼저 주목하게 되는 것은 피와 생명 사이의 신비로운 연관성이다. 하나님은 이스라엘 민족에게 다음과 같은 교훈을 말씀해주셨다.

"육체의 생명은 피에 있음이라 내가 이 피를 너희에게 주어 제단에 뿌려 너희의 생명을 위하여 속죄하게 하였나니 생명이 피에 있으므로 피가 죄를 속하느니라" 레 17:11.

피와 속죄에 대한 이 교훈은 이스라엘 종교의 핵심이자 하나님과 이스라엘 관계의 핵심이었다. 피는 신비롭고 거룩한 것으로 간주되었기에 이스라엘 민족은 피를 먹어서는 안 되었다.

다음으로 내가 주목한 것은 죄와 죽음 사이의 연관성이다. 인간은 죽음에 대해 모든 것을 알지 못한다. 영혼의 멸절滅絶

과 모든 존재의 종말을 믿는다고 주장하는 종교 집단들이 있다. 여기서 말하는 '멸절'은 존재하는 것이 없어져버리는 것을 의미한다.

창조에 대한 성경의 기록을 보면, 하나님은 무無에서 무엇인가를 창조하셨다. 그런데 그분이 창조의 과정을 거꾸로 돌려서 무엇인가를 무無로 만드신 경우는 성경에 나오지 않는다. 자연에서도 멸절의 개념은 발견되지 않는다. 그러므로 일부 사람들이 하나님나라에 멸절의 개념을 끌어들이려고 하는 것은 이해할 수 없는 일이다.

물론, 물질이 변화될 수는 있다. 하지만 물질이 멸절될 수는 없다. 내가 성냥을 그어서 불을 붙여 태우면 성냥은 재로 변한다. 남은 재를 손가락으로 집으면 손가락이 더러워지겠지만, 본래 성냥 안에 있던 요소들이 멸절된 것은 아니다. 그것들은 단지 형태가 바뀐 것이다. 성냥의 일부는 연기로 변해서 날아갔다. 또 일부는 재로 변했다. 기체로 변한 부분은 대기 중에서 눈에 보이지 않는 형태로 계속 존재할 것이다.

영혼은 죽음을 통해 오직 거처만을 바꿀 뿐이다

각 사람 안에 있는 살아 있는 영혼은 멸절되지 않는다. 우리가 죽으면 그 거처가 바뀔 뿐이다. 거처를 바꾸지만 그 자체가 없어지는 것은 아니라는 말이다. 이것이 하나님이 생기를 불어넣으심으로 만들어진 인간 영혼의 가치와 무한한 본성에 대한 성경의 교훈이다.

이런 경우를 생각해보자. 한 어머니가 사랑스런 아기를 품에 안고 있다. 아기는 귀여운 소리를 내며 주위의 소리에 즉각 반응하고 혈색이 좋고 생기가 있다. 그러나 안타깝게도 비극이 찾아온다. 유행병이 아기를 쓰러뜨린다. 숨을 거둔 아기를 안은 어머니는 슬픔을 이기지 못해 흐느껴 운다. 죽음이 그녀가 지극히 사랑하는 아기를 빼앗아간 것이다. 아기의 장례식 때 간단한 예배가 드려진다. 조그만 관 속에 생명이 없는 아기가 마치 움직이지 않는 하얀 천사처럼 누워 있다.

어떻게 된 것인가? 아기가 멸절된 것인가? 그렇지 않다! 아기의 존재 형태가 변한 것뿐이다. 물론 그 변화는 부모에게는 가슴 아픈 것이다. 아기 안의 영혼, 그 아기의 지능, 생각, 아기가 내던 귀여운 소리와 웃음이 사라진 것처럼 보인다. 생명이 없는 아기의 몸은 땅에 조용히 누워 있다가 언젠가는 흙으로 변할 것이다. 하지만 살아 있는 아기의 영혼은 결코 멸절되지 않을 것이다. 아기의 영혼이 존재의 장소를 바꾸었지만 결코 없어지지는 않을 것이다.

두 가지 죽음

성경이 말하는 죽음의 두 가지 종류에 대해 알지 못하는 사람이 많다는 사실이 놀랍다. 우리는 이 세상에 태어난 모든 사람들이 언젠가는 결국 죽는다는 성경의 교훈을 믿는다. 그것은 육체적 죽음이다. 그리고 또 하나, 영적 죽음이 있다. 인간이 영적 죽음을 맞게 된 것은 인류의 첫 조상이 에덴동산에서 하나님의 경고를 무시하고 죄를 지었기 때문이다. 하나님은 아담과 하와에게 경고하셨다.

"동산 각종 나무의 열매는 네가 임의로 먹되 선악을 알게 하는 나무의 열매는 먹지 말라 네가 먹는 날에는 반드시 죽으리라" 창 2:16,17.

그러나 그들은 그분의 경고를 무시하고 금지된 열매를 먹었다. 하나님께 불순종하고 자기들의 고집대로 그분의 법을 어긴 그날, 그들은 영적으로 죽었다. 그러나 그들은 여전히 이 땅에서 살았다.

하나님의 피조물인 사탄이 교만과 불순종에 빠져 하나님께 반역했을 때 그는 "내가 하늘에 올라 하나님의 뭇 별 위에 내 자리를 높이리라" 사 14:13 라고 말했다. 그때 그는 죽었다!

그러나 그의 존재가 없어진 것은 아니다. 하나님은 그를 하늘에서 땅으로 쫓아내셨다. 그 후 아주 오랜 세월 동안 그는 우리 주변에 있어왔다. 그는 멸절되지 않았고, 장차 그가 받을 영원한 심판이 그에게 주어질 것이다.

앞서 말했듯이 죽음은 멸절, 즉 존재의 사라짐이 아니다. 죽음은 달라진 존재의 형식 안에서 생기는 달라진 관계이다.

사람들은 영적 죽음을 모른 체하려고 애쓴다. 그러나 성경은 그렇지 않다. 사도 바울은 영적 죽음에 대해 한 문장으로 정곡을 찔러 말했다.

"향락을 좋아하는 자는 살았으나 죽었느니라" 딤전 5:6.

향락을 좋아하는 자는 육체적으로는 죽지 않았지만 영적으로는 하나님에게서 단절되어 있다는 의미다.

또한 사도 바울은 죽음이 죄의 무서운 결과들 중 하나라고 우리에게 경고한다. 죄가 세상에 들어왔고, 죄와 더불어 죽음도 세상에 들어왔다. 죄를 범하는 영혼은 죽는다. 이것이 성경의 분명한 가르침이다.

죄는 죽음으로만 끝난다

앞에서 인용한 히브리서 구절들에서 우리가 주목할 또 다른 사실은 죄를 다루시는 하나님의 방법이 아주 간단하다는 것이다. 그분은 죽음으로써 죄를 끝내신다.

악명 높은 갱이었던 존 딜린저John Dillinger, 1903~1934. 미국의 대공황 시절에 악명 높았던 은행 강도가 경찰에 쫓기고 있을 때 나는 시카고에 살고 있었다. 경찰은 그의 사진을 담은 전단지를 만들어 뿌렸고, 거기에는 그가 총을 가졌기 때문에 위험하다는 경고가 붙어 있었다. 그의 얼굴에는 비꼬는 듯한 냉소적 미소가 감돌고 있었다. 그러나 그의 마지막 사진은 그가 더 이상 죄를 지을 수 없게 되었다는 것을 말해주었다. 마지막 사진에 나타난 그의 모습은 발가락이 위로 향한 채 누워 있는 모습이었다. 그의 몸은 천으로 덮여 있었다. 그가 죽은 것이다.

죄는 죽음과 더불어 끝난다. 어떤 사람이 죽으면 그는 더 이상 죄를 지을 수 없게 된다. 그것이 죄를 끝내시는 하나님의 방법이다. 그분은 죽음으로 하여금 죄를 끝내게 하신다.

말씀의 분명한 교훈에 따르면, 죄에 물든 삶은 권리를 몰수당한 삶이다. 죄를 범한 영혼은 죽을 것이다. 그런데 우리가 다 이해할 수 없는 놀라운 일이 있다. 그것은 하나님이 우리의 몰수당한 삶을 구하기 원하셨다는 것이다. 그분은 거룩한 구주의 보혈이 우리를 위한 제물로 드려지도록 허락하셨다. 죄의 문제를 해결하려면 피의 속죄가 있어야 한다. 왜냐하면 피와 생명 사이에는 신비로운 생명적 관계가 있기 때문이다.

예수 그리스도의 보혈은 무한한 가치가 있다. 피를 흘린다는 것은 생명을 잃는다는 것을 의미한다. 영원한 아들이요 하나님의 어린양이신 예수 그리스도의 보혈이 흘려졌기 때문에 우리의 죄악 된 행위들이 용서 받을 수 있다.

이 영적 진리는 지극히 중요하기 때문에 우리는 경건한 마음으로 이 진리를 깊이 묵상해야 한다. 혹시 우리의 속량을 위해 치러진 대가에 대해 너무 가볍게 말하지는 않는가? 누군가 "그리스도께서 우리를 다시 사기 위해 우리의 빚을 갚아주셨습니다"라고 말하는 것을 들을 때면 솔직히 나는 약간 움츠러든다. 그리스도의 속량에 대한 이야기가 사업적 거래처럼 들리기 때문이다.

하나님이 우리를 속량하신 놀라운 일이 가축 시장에서 소나 말을 사는 일처럼 느껴지도록 만드는 것은 옳지 않다. 우리를 속량하기 위한 하나님의 계획에는 가축을 거래하는 것보다 더 높고 더 거룩하고 더 고상하고 더 아름다운 무엇이 담겨 있다.

구약시대에 짐승의 피를 흘려서 제물로 바친 것이 의식적

儀式的 상징의 차원에서 유효했다. 그러나 예수 그리스도의 죽음은 실제로, 그리고 영원히 유효하다. 여기서 '유효하다'는 말은 신학자들이 즐겨 사용하는 표현이다. '효과가 있다'라는 의미를 담고 있는 이 말은 우리가 즐겨 사용해도 좋을 것이다.

피와 생명은 하나이다. 피가 흘려졌을 때, 영원한 아들 예수 그리스도께서 죽으셨을 때 그분의 죽음은 대속적代贖的 죽음이 되었다. 그분은 죄가 없는 분으로서 많은 죄인들을 위해 죽임을 당하셨다.

죄에 빠진 인류를 위한 예수 그리스도의 대속적 죽음은 기독교의 근간이 되는 진리이다. 하나님의 길보다 더 좋은 길을 찾을 수 있다고 믿는 사람들은 이 진리를 좋아하지 않는다. 그러나 하나님의 길 외에 다른 길은 없다. 예수님이 유일한 길이시다.

당신이 하나님을 믿고 신뢰하고 기뻐하는 그리스도인이라면 이 확신과 위로를 잃어버리지 않도록 조심하라. 그 누구에게도 속지 말라. 누군가 이 근본 진리를 바꾸거나 부정하려고 한다면 그것을 결코 허락하지 말라. 누군가 이 근본 진리를 변형시켜서 철학이나 문학이나 예술이나 종교와 조화시키려 한다면 그것을 절대적으로 거부하라. 이 놀라운 진리가 우뚝 서 그 아름다움과 유효성을 만천하에 드러내게 하라.

하나님의 거룩함과 공의가 충족되었다

그리스도의 대속적 죽음은 하나님의 거룩함과 공의를 충족시켰다. 하나님은 이제 우리의 어떤 것도 문제 삼지 않으신다. 우리가 그분께 믿음으로 나아가기 때문이다. 우리는 주님이시요 구주이신 예수 그리스도의 유효한 대속적 죽음만이 우리의 유일한 공로라고 주장한다. 우리가 믿었을 때 우리는 죽음의 능력이 깨어진 것을 보았다.

히브리서 기자는 예수님이 하나님의 은혜와 자비 가운데 맺어진 새 언약의 중보자, 즉 새 언약의 집행자가 되셨다고 분명히 밝힌다. '중보자'mediator는 '중보하다'mediate라는 말에서 나왔다. 중보자는 화해해야 할 필요가 있는 두 편 사이에 서는 사람이다.

성경은 죄악에 빠진 인류가 하나님으로부터 얼마나 멀리 떨어져 있는지에 대해 말한다. 죄 때문에 그분과 인류 사이에는 건널 수 없는 심연이 생겼다. 그런데 그리스도께서 중보자가 되신 것이다. 그분은 자신을 죽음에 내어주심으로써 하나님과 죄인들 사이에 서셨다. 그분은 자신의 죽음을 통해 하나님의 유서가 효력을 발휘하도록 하셨다.

하나님이 친히 맺으신 언약은 그분과 우리 사이의 화목을 보증한다. 우리는 그분과 화목되었다! 그분의 은혜로운 새 유서, 즉 그분의 언약은 죄 사함을 보증한다. 우리는 믿음을 통해 그분 가족의 일원이 된다.

죽음 때문에 유서가 효력을 발휘하게 되었다

내가 말하고 싶은 것이 또 있다. 그것은 개념적으로는 단순하지만 우리의 거룩한 유업과 관련해서 생각하면 매우 심오하다. 예수님이 살아 계실 동안에는 우리를 위한 하나님의 새 언약과 유서가 효력을 발휘할 수 없었다. 그러나 그분이 돌아가셨을 때 그것은 즉시 효력을 발휘하였다. 유언을 남긴 분의 죽음은 죄 사함, 깨끗하게 함, 교제, 그리고 영생의 약속을 즉시 가능하게 했다. 예수님의 십자가 죽음 때문에 하나님의 자녀들이 믿음으로 얻게 된 유업은 그토록 은혜롭고 영원한 것이다!

결론적으로 내가 말하고자 하는 것은 죽음을 피할 수 없는 인간이 듣기에는 좀 이상하게 들릴지도 모른다. 자신의 죽음을 통해 유언의 효력을 발생하게 한 후 다시 이 땅으로 돌아와 자신의 유언을 집행한 사람은 아무도 없었다. 그래서 죽은 당사자가 아니라 살아 있는 다른 사람이 유산을 처분하거나 관리했다.

그러나 죽을 수밖에 없는 인간이 할 수 없었던 것을 하나님의 영원한 아들 예수 그리스도께서 행하셨다. 그분은 하나님의 은혜를 집행하는 영원한 일을 해내셨다. 그분은 무덤에서 다시 살아나셔서 유서의 수혜자들에게 유서의 내용대로 집행해주셨다.

얼마나 아름답고 놀라운 일인가! 그분은 하나님의 유서를 다른 사람에게 넘겨서 집행하도록 하지 않으시고, 그분 자신이 직접 집행하셨다. 십자가 사건 전에 그분은 "나는 다시 돌아올 것이다. 제3일에 다시 살 것이다"라고 여러 번 말씀하셨다. 그리고 말씀 그대로 죽은 자들로부터 다시 돌아오셨다. 3일만에 일어나셨다.

우리는 지금 하늘에서 우리의 대제사장으로 일하고 계신 '살아 계신 분'을 계속적으로 믿고 의지해야 한다. 우리를 믿음에서 떼어놓을 수 있을 만큼 강력한 자유주의신학의 논리는 없다. 이 세상에서 우리는 살아 있는 소망을 갖고 있으며, 이 소망은 내세에서도 유효하다.

그렇다면 하나님의 새 유서에 그 이름을 올릴 자는 누구인가? 그리스도의 대답과 초대에서 그 답이 발견된다. 한마디로 말해서 누구나 거기에 이름이 오를 수 있다. 누구나! 성경은 "원하는 자는 값없이 생명수를 받으라" 계 22:17 라고 선포한다. 아멘!

Chapter 12 | Jesus, Fulfillment of the Shadow
그림자가 상징하는 실재(實在)이신
예수 그리스도

그림자 식탁

이런 가정을 해보자. 요리도 잘하고 살림도 잘하는 주부가 손님들을 대접하기 위해 식사를 준비하고 있다. 식탁에 멋진 식탁보를 깔고 집에서 제일 좋은 도자기와 은그릇과 은수저를 제 위치에 가지런히 놓았다. 식탁 한가운데에는 아름다운 꽃을 놓아 장식할 예정이다. 그 예쁜 꽃은 조금 후에 집으로 배달될 것이다.

그런데 우리가 예상했던 맛있는 소고기를 담은 큰 접시, 그리고 김이 나는 으깬 감자와 각종 야채를 담은 접시들 대신 그녀는 기다란 빵 한 덩어리를 식탁에 가져다 놓는다. 그것을 수직으로 세워 놓고 그 뒤에 전등을 켜놓는다. 선명한 빵 그림자가 식탁을 뒤덮는다.

그 상태에서 그녀가 가족과 손님들에게 밝은 목소리로 "빵 그림자가 준비되었으니 다들 식탁으로 오세요"라고 소리친 다면 우리는 그녀의 정신 상태를 의심할 것이다.

그런데 실제로 일어날 것 같지 않은 이런 일을 영적으로 적용해보기 전에 우리가 할 일이 있다. 그것은 율법에 나타난 구약의 그림자와 예수 그리스도 안에서 나타난 하나님의 영광의 실재實在 사이에 나타나는 커다란 차이를 히브리서 기자가 어떻게 설명하는지를 살펴보는 것이다.

"율법은 장차 올 좋은 일의 그림자일 뿐이요 참 형상이 아니므로 해마다 늘 드리는 같은 제사로는 나아오는 자들을 언제나 온전하게 할 수 없느니라 그렇지 아니하면 섬기는 자들이 단번에 정결하게 되어 다시 죄를 깨닫는 일이 없으리니 어찌 제사 드리는 일을 그치지 아니하였으리요" 히 10:1,2.

"그 후에 말씀하시기를 보시옵소서 내가 하나님의 뜻을 행하러 왔나이다 하셨으니 그 첫째 것을 폐하심은 둘째 것을 세우려 하심이라 이 뜻을 따라 예수 그리스도의 몸을 단번에 드리심으로 말미암아 우리가 거룩함을 얻었노라" 히 10:9,10.

"오직 그리스도는 죄를 위하여 한 영원한 제사를 드리시고 하나님 우편에 앉으사" 히 10:12.

성령의 감동으로 히브리서를 기록한 사람은 반복의 번거로움에 개의치 않고 구약의 그림자와 신약의 그리스도 예수를 대조시킨다. 다시 말해서, 영광스럽고 영원하신 예수님 안에서 발견되는 완전한 은혜와 자비와 사랑과 구약의 의식 儀式들을 대조시킨다. 방금 읽은 구절들은 우리가 주목하고 깊이 생각해야 할 구절들이다. 인류의 소망과 영광에 대해 말하고 있는 구절들이기 때문이다.

그림자와 실재

구약의 경륜 經綸, 모세의 율법, 불완전한 사람들이 감당했던 제사장직, 그리고 죄를 위한 희생제사들, 이 모든 것들은 하나님이 임시로 세우신 것들이었다. 그것은 더 좋은 것들, 즉 장차 임할 실재를 상징하는 그림자였다. 구약의 의식들에는 약속된 메시아의 의미가 담긴 그림자가 포함되어 있었다.

히브리서 기자에 따르면, 하나님의 참된 빛이 영원한 아들이신 예수 그리스도에게 비춰졌고, 그 빛을 받으신 예수 그리스도에 의해 생긴 그림자가 구약의 일시적 경륜이었다.

앞에 언급한 식탁의 예처럼 우리는 그림자를 먹고 살 수는 없다. 그것은 불가능한 일이다. 그림자는 빛에 의해 생긴 것일 뿐이지 그 자체가 실체實體가 아니기 때문이다. 당신에게 영양분이 필요할 때 빵의 그림자는 아무 도움이 되지 못한다. 그림자를 먹는 것은 불가능하기 때문에 당신은 계속 굶주리게 될 것이고, 당신은 곧 "더 이상 그림자는 싫다. 내가 먹고 배부를 수 있는 실제 빵 덩어리를 가져와라"라고 말할 것이다.

그러므로 구약시대에 주어졌던 '장차 올 좋은 일의 그림자'히 10:1는 충분하지 못했다. 하나님과 만났던 사람들은 더 좋은 약속, 더 좋은 소망, 그리고 장차 임할 실재를 믿음 가운데 고대하며 살아야 했다. 그러던 중 히브리서가 증거하듯이 '실재'가 오셨다(그 실재를 증거하는 것이 히브리서의 영광이고 기쁨이었다). 예수님이 구속자요 주님이 되기 위해 오신 것이다. 하나님의 실재가 오셨다! 그림자가 상징하던 것이 실제로 이루어졌다! 하나님의 영광의 광채이신 예수 그리스도께서는 그림자가 아무 효과가 없다는 것을 밝히 드러내셨다!

우리의 마음은 하나님의 마음과 일치해야 한다

히브리서의 처음 몇 장에서 보이듯 성경은 진리를 반복해서 말하는 경향이 있는데, 거기에는 나름대로 깊은 뜻이 있다. 믿음을 가진 우리는 하나님의 지혜와 성령의 인도하심을 신뢰하는 법을 배웠다. 하지만 성령께서는 우리가 하나님의 진리를 빠르게 이해하지 못한다는 것을 알고 계시다. 그래서 우리는 그분의 진리를 반복해서 들어야 한다. 하나님의 교육 방법은 우리가 그분의 진리를 받아들이고 배우고 그 진리에서 유익을 얻을 때까지 "경계에 경계를 더하며 경계에 경계를 더하며 교훈에 교훈을 더하며 교훈에 교훈을 더하되 여기서도 조금, 저기서도 조금 하는"사 28:10 방법이다.

그런데 이런 배움의 과정을 지나는 우리에게 몇 가지 문제점이 발견된다. 먼저는 우리가 지루해한다는 것이다. 하지만 감사하게도, 그분은 성실하고 꾸준하시다. 그분은 우리를 그냥 포기하지 않으신다. 그분은 우리에게 "주저앉지 말고 계속 내가 말하는 것을 배우고 믿고 기뻐하라"라고 말씀하신다. 그분은 하나님이시다. 그러므로 그분이 우리를 인도하시고 우리에게 그분의 뜻을 드러내실 때 우리는 그분을 믿고 의지할 수 있다.

그렇다면 이제 나는 하나님 편에서 경건한 마음으로, 하지만 분명하게 말하겠다. 이전까지 희생제물로 드려진 황소와 염소의 피는 죄를 없이 하지 못했고, 하나님은 그 제사들에 싫증이 나셨다. 그 이유는 이사야 선지자를 통해 하신 말씀에 드러난다.

"여호와께서 말씀하시되 너희의 무수한 제물이 내게 무엇이 유익하뇨 나는 숫양의 번제와 살진 짐승의 기름에 배불렀고 나는 수송아지나 어린 양이나 숫염소의 피를 기뻐하지 아니하노라 너희가 내 앞에 보이러 오니 이것을 누가 너희에게 요구하였느냐 내 마당만 밟을 뿐이니라" 사 1:11,12.

이사야 선지자를 통해 이스라엘 민족에게 주어진 하나님의 말씀에는 사실상 "너희의 마음이 내 마음과 일치하지 않은 상태에서는 너희의 희생제물과 예물에 싫증이 난다"라는 뜻이 내포되어 있다. 만일 우리가 하나님의 뜻에 관심을 갖고 깊이 생각하는 사람이라면, 사람들의 일반적인 생각에 반기反旗를 들게 될 것이다.

사람들은 흔히 교회 출석 인원이 많으면 하늘을 감동시킬 수 있다고 생각한다. 그러나 그분은 지금도 "누가 너희에게 이렇게 하라고 시켰느냐? 너희가 내 앞에 나올 때 누가 너희에게 이것을 요구하였느냐?"라고 말씀하신다.

희생제사를 세우신 분이 하나님이시지만 그것들은 메시아께서 오실 때까지 죄를 덮어두는 일시적 방편에 불과했다. 그런데 이스라엘 민족이 죄 사함과 순종의 중요성을 망각하고 형식적으로 예배하자 하나님은 "나는 너희가 반복하는 무의미한 행위들을 더 이상 참을 수 없다. 너희의 의식과 축제일을 미워한다. 그것들은 내게 괴로운 것이고 지겨운 것이다"라고 말씀하셨다.

결국 히브리서 기자는 다음과 같이 기록한다.

"하나님이 제사와 예물을 원하지 아니하시고 오직 나를 위하여 한 몸을 예비하셨도다 번제와 속죄제는 기뻐하지 아니하시나니 이에 내가 말하기를 하나님이여 보시옵소서 두루마리 책에 나를 가리켜 기록된 것과 같이 하나님의 뜻을 행하러 왔나이다" 히 10:5-7.

이 말씀을 하신 분은 다른 분이 아니라 바로 죽임을 당하신 하나님의 어린양이요 영원하신 아들이신 예수 그리스도이시다. 그분은 하나님의 은혜로운 속량의 계획을 실현하기 위해 이 땅에 오셨다. 그러므로 히브리서 기자는 "(하나님의 뜻에 의해) 예수 그리스도의 몸을 단번에 드리심으로 말미암아 우리가 거룩함을 얻었노라" 히 10:10 라고 말한다.

이 메시지가 우리에게 적용되었는가?

우리는 하나님이 주신 이 말씀을 진정으로 받아들였는가? 내가 볼 때, 많은 기독교 의식儀式이 본질을 놓친 형식적 단계에 머물러 있는 것 같다. 나는 바흐, 베토벤, 헨델과 또 다른 이들의 음악을 들어보았다. 미사와 같은 예배를 위해 작곡된 음악은 웅장했고 가사도 매우 아름다웠다. 하지만 그런 음악을 들을 때 나는 무엇인가 빠진 것 같다는 느낌을 지울 수 없었다. 물론 그런 음악에도 "주여, 우리를 불쌍히 여기소서"라든가 "그리스도시여, 자비를 베푸소서" 같은 기도와 호소가 반복되어 나타난다.

하지만 하나님께 자비를 구하는 이런 기도와 호소가 본질의 그림자에 불과한 것은 아닐까? 하나님의 약속과 은혜를 확신하는 구원의 믿음에 도달하지 못한 것은 아닐까? 그런 믿음에 도달하려면 "다 이루어졌다. 구원의 약속이 성취되었다. 나는 주님의 것이고 주님은 나의 주님이시다"라고 외칠 수 있는 단계까지 이르러야 한다.

하나님이 그분의 계획을 이루셨고 우리는 죄 사함 받고 거듭났다는 것을 믿고 기뻐해야 한다. "주님, 감사합니다. 저는 죄 사함을 받았고 깨끗하게 되었습니다. 저는 위로부터 나서 새 사람이 되었습니다. 이제 제게 일을 맡기소서. 저는 증인이 될 준비가 되었습니다"라고 말해야 한다.

나는 소위 '선데이 크리스천' Sunday Christian이라 불리는 사람들을 보면 안쓰럽게 여겨진다. 왜냐하면 그들은 죄 사함과 자비를 얻기 위해 애처롭게 애쓰는 것까지만 알기 때문이다. 우리는 그 단계를 넘어서 하늘을 향해 두 팔을 벌리고 승리의 믿음 가운데 "다 이루어졌다!"라고 외칠 수 있어야 한다.

중요한 것은 그림자가 아니라 실재이다

율법과 은혜 사이에는 대조가 있다. 구약시대에는 모든 제사장이 죄를 없앨 수 없는 희생제사를 드렸다(그것이 그들이 날마다 하는 일이었다). 그러나 하나님의 새로운 계시가 임했는데 그것은 새 언약, 영원히 단번에 드려진 예수 그리스도의 희생제사, 그리고 완전한 죄 사함의 확신에 대한 계시였다.

"오직 그리스도는 죄를 위하여 한 영원한 제사를 드리시고 하나님 우편에 앉으사 그 후에 자기 원수들을 자기 발등상이 되게 하실 때까지 기다리시나니 그가 거룩하게 된 자들을 한 번의 제사로 영원히 온전하게 하셨느니라" 히 10:12-14.

"그러므로 형제들아 우리가 예수의 피를 힘입어 성소에 들어갈 담력을 얻었나니 그 길은 우리를 위하여 휘장 가운데로 열어 놓으신 새로운 살 길이요 휘장은 곧 그의 육체니라 또 하나님의 집 다스리는 큰 제사장이 계시매 … 참 마음과 온전한 믿음으로 하나님께 나아가자" 히 10:19-22.

하나님을 믿고 나아가는 자녀들의 특권을 이보다 더 은혜롭게 그려주는 그림이 또 있을까? 하나님 앞으로 나아갈 수 있는 거룩한 길이 우리에게 주어져 있다는 사실에 주목하라. 이 그림은 에덴동산에서 죄를 범한 최초의 조상의 모습을 그려주는 구약의 그림과 너무나 큰 대조를 이룬다.

하나님은 아담과 하와에게 "일어나 동산에서 나가라!"라고 말씀하실 수밖에 없었다. 그들이 그 아름다운 동산과 하나님의 존전을 떠나자 그분은 그룹들과 두루 도는 화염검을 두어 생명나무의 길을 지키게 하셨다 창 3:24 참조.

아담과 하와가 에덴동산에서 쫓겨난 것은 인류의 고난과 슬픔의 시작을 알리는 신호탄이었다. 그들은 에덴동산으로 돌아갈 수 없었다. 이후로 인류는 에덴동산으로, 즉 하나님 앞으로 돌아가고 싶다는 깊은 갈망을 품고 살아왔다고 생각한다. 물론 나의 이 말은 인류의 모든 사람들이 그리스도인이 되기를 원한다는 뜻이 아니다. 너무나 많은 사람들이 세상과 육신과 마귀의 뜻에 그저 만족하면서 살아가고 있다. 죄는 사람들의 눈을 멀게 하는 능력이 있다. 그들은 선한 사람이 되기를 원하지 않는다. 하나님의 뜻에 굴복하기를 원하지 않는다.

그러나 사람들의 속을 깊이 들여다보라. 그들 속에는 그들조차 모르는 깊은 그리움과 갈망이 숨어 있다는 것을 보게 될 것이다. 그것은 아담과 하와처럼 그들의 창조주 하나님 앞에서 만족스런 삶을 사는 것이 어떤 것인지를 알고 싶어 하는 동경이다. 그분의 임재를 갈망하는 동경이 그들 속에 있다.

그렇지만 인류는 그분께 돌아가는 길을 발견하지 못했다. 물론 많은 사람들이 그 길을 찾기 위한 시도를 해왔다. 인도에는 사람들 숫자만큼 많은 신들이 있다고 한다. 어떤 부족이나 민족에게든 그들이 숭배하는 신이 있기 마련이다. 그렇지만 하나님께 돌아가는 길을 찾으려는 시도는 언제나 실망만을 안겨준 헛된 시도에 그쳤다.

그러던 중에 예수님이 인류에게 오셨다. 성령의 감동으로 기록된 성경의 증거에 의하면, 예수님은 "하나님의 뜻을 행하러" 히 10:7 오셨다. 십자가에서 죽으시고 부활하신 예수님은 우리가 하나님의 존전으로 다시 나아갈 수 있는 새롭고 거룩한 길을 열어놓으셨다. 우리의 거룩한 중보자이신 예수님이 그 길을 만들어놓으셨다. 이제 하나님께 나아가기를 갈망하는 사람은 누구나 그리스도를 믿음으로써 그분께 나아갈 수 있다.

하나님의 존전에서 예수님은 우리의 대제사장이자 중보자로 계신다. 예수님은 우리와 동일한 인간의 본성을 가지고 계시기 때문에 그분의 형제와 자매인 우리가 하늘에서 그분처럼 하나님을 뵐 수 있도록 우리를 초대하신다.

중생 없는 칭의는 인정치 않으신다

여기서 우리는 살아 계신 거룩한 하나님이 우리를 의롭다 칭하시고 받아들여주시는 문제에 대해 좀 더 생각해 보아야 한다. 우리는 하나님이 우리 모두의 죄를 예수님께 지우셨다는 것을 잘 알고 있다. 신학자들은 그것을 '죄의 전가'라고 일컫는데, 나는 '죄의 전가'에 대해 성경이 가르치시는 바를 믿는다.

오늘날 많은 교단들에서 '자동적으로'라는 개념을 즐겨 사용한다. 그리스도를 믿는다고 고백하면 자동적으로 의롭게 되고, 자동적으로 하나님 앞에 서게 되고, 자동적으로 죄 사함과 영생을 얻게 된다는 교훈이 이 시대 사람들에게 선포되고 있다. 이런 교훈을 가르치는 사람들은 이렇게 말한다.

"예수님이 모든 것을 이루셨다. 이제 당신이 믿는다고 고백하기만 하면 된다. 믿고 의롭다 함을 얻어라! 믿어라. 그러면 하나님이 당신을 의로운 사람으로 인정해주시고 받아주실 것이다."

그러나 솔직히 말해서 나는 죄인의 죄가 자동적으로 그리스도에게 전가된다는 개념이 판에 박은 듯이 선포되는 것을 경계한다.

사람들은 "내가 악취를 풍기는 더러운 하수구처럼 혐오스런 존재라 할지라도 내가 믿기만 하면 주님이 사법적 의義의 망토를 내게 덮어주신다. 그렇기 때문에 하나님도 즉시 나를 완전히 깨끗한 존재로 보시고 받아들이신다"라고 생각하는 것 같다. 그런 사람들에게 나는 "만일 거룩한 하나님이 그렇게 하신다면 그분은 스스로 모순을 범하시는 것이다"라고 말해주고 싶다.

그렇다면 하나님은 어떻게 죄인을 의롭다고 칭하시는가? 그분은 죄인의 본성을 완전하시고 의로우신 그리스도 안으로 가져가심으로써 그렇게 하신다. 그러면 그분의 의가 죄인에게 간다. 어떤 이들은 의가 법적으로 전달된 것만을 주장할 것이다. 그러나 나는 죄인의 본성이 믿음에 의해 그리스도의 본성 안으로 들어갈 때 그분의 의가 죄인의 본성의 일부가 된다고 본다.

다시 말하자면, 하나님은 중생重生 없는 칭의를 인정하지 않으신다. 우리를 예수님의 본성에 연합시키는 것이 중생,

즉 거듭남이다. 의로우신 예수님은 하나님의 새 생명을 그분 자신의 본성으로부터 우리에게 주셨으며, 하나님은 그것을 만족스럽게 여기신다.

그런 의미에서 '죄의 전가'라는 개념이 옳다. 하지만 우리는 이 개념을 너무 극단으로 밀고 나감으로써 칭의를 마치 상업적 거래처럼 느껴지도록 만들었다. 우리가 의롭다 함을 얻기 위해서는 우리와 하나님 사이에 살아 있는 믿음의 관계가 있어야 한다. 의는 그리스도와 연합된 믿는 죄인에게 주어진다. 밖에 서 있다가 "당신은 의롭게 되었습니다"라는 사법적 통지서를 받은 죄인에게 주어지는 것이 아니다.

이것은 우리에게 중요한 빛을 비춰준다. 믿는 우리는 하나님이 사랑하시는 아들 '안에서' 받아들여진 것이다.

하나님은 우리의 피난처이시다

믿는 그리스도인들에게는 또 다른 특권이 있다. 이미 살펴보았듯이, 우리에게는 하나님 앞으로 나아갈 수 있는 권리가 주어졌다. 예수 그리스도로 말미암아 그분이 우리를 받아들이셨기 때문이다. 하지만 우리에게는 하나님 안으로 피하여 안전을 누릴 수 있는 권리도 주어졌다. 물론 이 권리도 우리의 대제사장이신 예수 그리스도께서 하나님 우편에서 우리를 온전히 대표하심으로 주어진 것이다. 우리가 그리스도와 연합되어 있기 때문에 누구도 이 권리를 우리에게서 빼앗을 수 없다.

어떤 사람이 "나는 삶을 피해 숨고 싶지 않다. 날마다 삶에 과감하게 맞서고 싶다"라고 말했다고 한다. 그의 태도는 매우 용감하다. 하지만 삶의 모진 폭풍이 몰아칠 때 "내게는 피난처가 필요 없다. 나는 삶의 거센 폭풍에 맞서겠다"라고 말하는 것은 웃음거리밖에 되지 않는다.

우리는 삶을 피해 숨는 것이 아니라 죄로 가득한 세상, 악한 것, 그리고 사악한 유혹을 피해 숨어야 한다. 우리의 유일한 피난처이신 하나님 안에 숨는 것이다.

하나님을 믿고 의지하는 그분의 자녀들은 예수 그리스도 안에서 안전하다. 어린 양들이 우리 안에 있으면 안전하다. 늑대가 밖에서 아무리 으르렁거려도 목자가 지키는 우리 안으로는 들어올 수 없기 때문이다. 하나님의 자녀가 아버지의 집 안에 들어가면 안전하다. 영혼의 원수가 밖에서 큰 소리로 으르렁거린다 할지라도 결코 그 안으로 들어올 수는 없기 때문이다. 그토록 안전한 피난처를 우리의 피난처로 삼을 수 있는 특권이 우리에게 있다.

예수님 한 분으로 충분하다

구약의 율법 체계에서, 즉 실재의 그림자에서 하나님은 그 백성의 죄를 덮겠다고 약속하셨다. 그러나 신약의 언약에서 하나님은 우리의 죄를 영원히 없애겠다고 선언하셨다. 얼마나 큰 차이인가! 그렇기 때문에 히브리서 기자가 "그리스도도 많은 사람의 죄를 담당하시려고 단번에 드리신 바 되셨고 구원에 이르게 하기 위하여 죄와 상관없이 자기를 바라는 자들에게 두 번째 나타나시리라"히 9:28라고 말하는 것이다.

하나님은 우리에게 신약성경을 주시기 위해 여러 명의 기록자들을 택하셨다. 그러나 또한 한 성령의 감동으로 기록된 그 글들의 일치된 주장에 따르면, 상징적 의미만 가지고 있던 구약의 그림자는 물러가고 십자가에서 죽고 부활하신 예수 그리스도를 통해 가능하게 된 은혜와 용서의 새 언약이 도래했다. 그로 인해 우리는 그분의 갈보리 십자가의 죽음을 돌아보며 감사와 사랑의 마음을 갖게 된다. 그리고 소망과 기대 속에 그분의 재림을 고대한다.

이런 모든 것을 볼 때, 우리는 예수 그리스도께서 우리의 모든 필요를 채워주실 수 있다는 것을 확신하지 않을 수 없다. 그분은 하늘에 계신 우리의 대제사장이요 중보자이시다. 그분은 하나님의 어린양의 자격을 가진 분으로 죽임을 당하신 하나님의 어린양이시다. 그분은 자신의 보혈로써 우리가 하나님 앞으로 나아갈 수 있는 거룩한 길을 만들어 놓으셨다. 그분은 영광 가운데 계신 인자이시다! 우리 모두 감사하는 마음으로 그분 안으로 피하여 안전을 누리자!

JESUS 지저스

초판 1쇄 발행	2014년 3월 13일
초판 2쇄 발행	2020년 3월 16일
지은이	A. W. 토저
옮긴이	이용복
펴낸이	여진구
책임편집	이영주
편집	김아진, 안수경, 최현수, 김윤향, 정아혜, 최은정
디자인	마영애, 노지현, 조아라, 조은혜
기획·홍보	김영하
해외저작권	기은혜
마케팅	김상순, 강성민, 허병용
마케팅지원	최영배, 정나영
제작	조영석, 정도봉
경영지원	김혜경, 김경희
이슬비전도학교	최경식
303비전성경암송학교	박정숙
303비전장학회 & 303비전꿈나무장학회	여운학

펴낸곳 규장

주소 06770 서울시 서초구 매헌로 16길 20(양재2동) 규장선교센터
전화 02)578-0003 팩스 02)578-7332
이메일 kyujang0691@gmail.com 홈페이지 www.kyujang.com
페이스북 facebook.com/kyujangbook 인스타그램 instagram.com/kyujang_com
카카오스토리 story.kakao.com/kyujangbook
등록일 1978.8.14. 제1-22

ⓒ 한국어 판권은 규장에 있습니다.
이 출판물은 저작권법에 의해 보호를 받는 저작물이므로 무단 전재와 무단 복제를 할 수 없습니다.

책값 뒤표지에 있습니다.
ISBN 978-89-6097-335-0 03230

이 도서의 국립중앙도서관 출판시도서목록(CIP)은 서지정보유통지원시스템 홈페이지(http://seoji.nl.go.kr)와
국가자료종합목록구축시스템(http://www.nl.go.kr/kolisnet)에서 이용하실 수 있습니다.
(CIP제어번호 : CIP2014005705)

규 | 장 | 수 | 칙

1. 기도로 기획하고 기도로 제작한다.
2. 오직 그리스도의 성품을 사모하는 독자가 원하고 필요로 하는 책만을 출판한다.
3. 한 활자 한 문장에 온 정성을 쏟는다.
4. 성실과 정확을 생명으로 삼고 일한다.
5. 긍정적이며 적극적인 신앙과 신행일치에의 안내자의 사명을 다한다.
6. 충고와 조언을 항상 감사로 경청한다.
7. 지상목표는 문서선교에 있다.

하나님을 사랑하는 자 곧 그의 뜻대로 부르심을 입은 자들에게는 모든 것이 合力하여 善을 이루느니라(롬 8:28)

Member of the
Evangelical Christian
Publishers Association

규장은 문서를 통해 복음전파와 신앙교육에 주력하는 국제적 출판사들의
협의체인 복음주의출판협회(E.C.P.A:Evangelical Christian Publishers
Association)의 출판정신에 동참하는 회원(Associate Member)입니다.